Meine kreative Nähwelt

Einfache Projekte
– mit Grundkurs –

Fürs Hobby

Für den besonderen Look

Für Taschenfreunde

Für Zuhause

Für Kids

Grundkurs Nähen

Fürs Hobby

Was gibt es schöneres, als die eigene Lieblingsbeschäftigung mit neuen schönen Utensilien zu ergänzen? Naht für Naht entstehen in diesem Kapitel tolle Modelle, die Sie nach der Fertigstellung weiterhin als nützliche Helfer in Ihrer Kreativzeit begleiten werden.

Gestalten Sie Nähmaschinenbezüge, Bügelbrettorganisator oder Nadelkissen in frischen Farben und freuen Sie sich in Ihrer Hobbyecke über neue, schöne Akzente.

Auffangbehälter

~ Für Stoffreste und andere Kleinigkeiten ~

Schwierigkeitsgrad: ✦ ✧ ✧

Größe
ca. 30 cm x 21 cm

Material
❋ Rückenteil, Wand, Boden: Baumwollstoff in Orange gemustert, ca. 32 x 23 cm, 32 cm x 13 cm und 12 cm x 18 cm
❋ Rückenteil, Wand, Boden: Baumwollstoff in Orange, ca. 32 x 23 cm, 32 cm x 13 cm und 12 cm x 18 cm
❋ Schabrackeneinlage: ca. 12 cm x 18 cm

Zuschnitt
❋ Je 2x Schnittteil „Rückenteil", „Wand" und „Boden"
❋ Schabrackeneinlage: 1x Schnittteil „Boden"

Nahtzugabe
Schabrackeneinlage ohne Nahtzugabe, alle anderen Teile mit 0,5 cm Nahtzugabe zuschneiden.

Schnittmusterbogen A

Anleitung

1 Schabrackeneinlage auf ein Bodenteil bügeln.

2 Den Boden 2x rechts auf rechts mit der geraden Seite an den Rücken nähen. 2x die Wand rechts auf rechts an die Rundung vom Boden nähen. Nun die beiden Teile an den Wandteilen aneinandernähen.

3 Beide kompletten Teile rechts auf rechts aufeinander nähen, dabei in einem seitlichen Wandteil eine Wendeöffnung lassen. Die Rundungen einschneiden, das Teil wenden und bügeln.

4 Die Seitenteile rechts auf rechts an das Rückenteil nähen, dabei die Wendeöffnung schließen. Den ganzen Behälter noch einmal wenden, die Nähte liegen jetzt innen. Das lange Teil zeigt vor dem Wenden nach links, danach nach rechts.

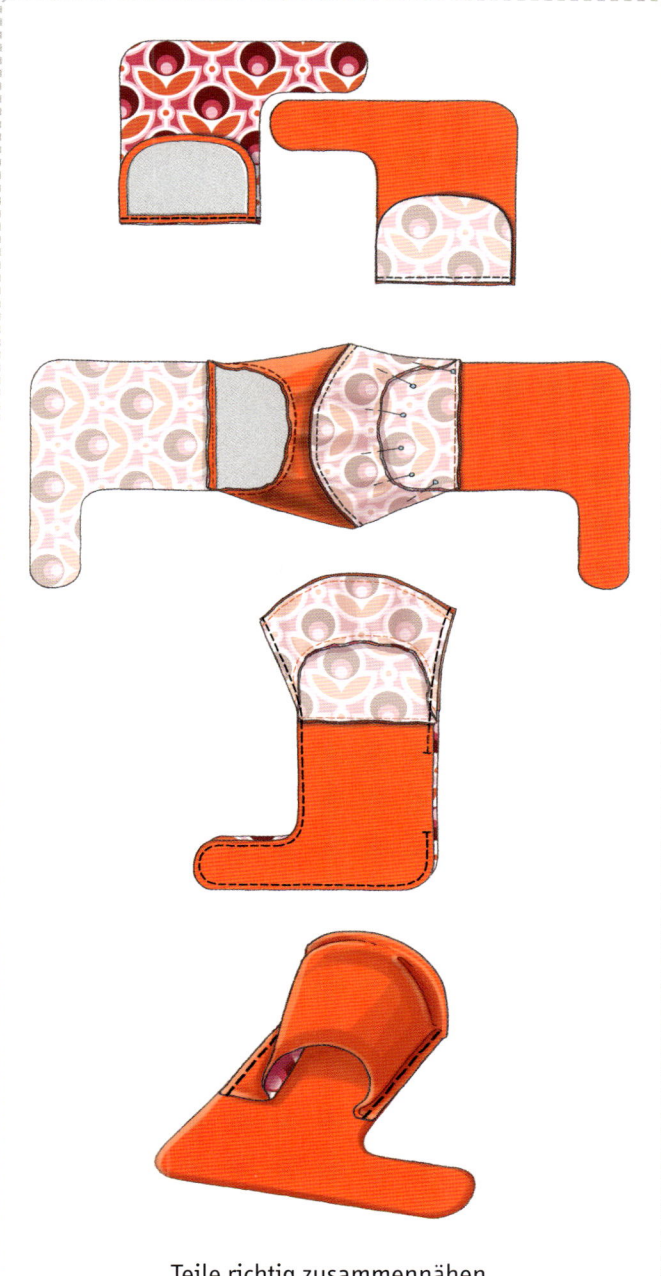

Teile richtig zusammennähen

Bügelbrett-Organizer

~ *Ordnung auf der ganzen Linie* ~

Anleitung

1 Für das Nadelkissen beide Stoffe rechts auf rechts aufeinander nähen, dabei eine Wendeöffnung lassen und die Ecken abschneiden. Das Teil wenden, füllen und mit Leiterstich zunähen. Mittig einen Filzkreis, einen Stoffkreis und einen Knopf durch das Nadelkissen hindurch annähen.

HINWEIS: Wenn beim Mittelteil mit Schrägband gearbeitet wird, entfällt an den langen Seiten die Nahtzugabe.

2 Den mittleren Oberstoff besticken, bzw. applizieren. Beide Stoffe für die Mitte links auf links aufeinanderlegen und mit Schrägband einfassen. Alternativ: ohne Schrägband nähen, dann alle Seiten mit Nahtzugabe zuschneiden, dazu die Stoffe rechts auf rechts legen und die langen Seiten schließen, wenden und bügeln.

3 Für den Stoffreste-Auffangbehälter und die Seitenteile die Stoffe rechts auf rechts zusammennähen, oben offen lassen, wenden, bügeln und schließen. Die Seitenteile annähen, dabei darauf achten, dass die Seitenteile nicht mittig angenäht werden, sondern, dass bei der Seite des Auffangbehälters, die an den mittleren Stoff genäht wird, 2 cm übersteht.

4 Für die Werkzeughalterung die Stoffe rechts auf rechts zusammennähen, oben offen lassen, wenden und bügeln. Den Stoff umklappen, oben 2 cm Überstand lassen. Die Seiten schließen und die Werkzeugfächer absteppen.

Größe
ca. 21 cm x 70 cm

Material
- ❋ Nadelkissen: Baumwollstoff geblümt, 13 cm x 25 cm
- ❋ Filz: 6 cm x 6 cm
- ❋ Knopf
- ❋ Füllwatte
- ❋ Organizer (Mitte): Baumwollstoff in Rot-Weiß gepunktet, 23 cm x 40 cm
- ❋ Werkzeughalterung: Baumwollstoff in Rosa, 23 cm x 40 cm
- ❋ Auffangbehälter: Baumwollstoff geblümt, 2x 38 cm x 23 cm und 2x 28 cm x 23 cm und 4x 15 cm x 7 cm
- ❋ Schrägband: Baumwollstoff geometrisches Blumenmuster, 82 cm
- ❋ Stickvlies
- ❋ Stickfilz
- ❋ Stickgarn
- ❋ Stoffreste für die Applikationen

Schnittmusterbogen A

Zuschnitt
- ❋ 2x Schnittteil „Nadelkissen"
- ❋ 1x Schnittteil „Stoffkreis"
- ❋ 1x Schnittteil Filz
- ❋ 2x Schnittteil „Mitte"
- ❋ 2x Schnittteil „Auffangbehälter"
- ❋ 4x Schnittteil „Seitenteile"
- ❋ 2x Schnittteil „Werkzeughalterung"

Nahtzugabe
Alle Teile mit 0,5 cm Nahtzugabe zuschneiden. Mittleres Teil ohne Nahtzugabe an den langen Seiten, wenn mit Schrägband gearbeitet wird.

Tipp
Am besten dazu das Werkzeug, das untergebracht werden soll, auflegen und die Abstände markieren. Die Fächer von unten nach oben absteppen und oben mit einer kleinen Zickzackraupe vernähen.

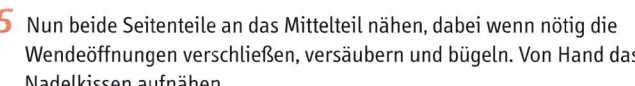

5 Nun beide Seitenteile an das Mittelteil nähen, dabei wenn nötig die Wendeöffnungen verschließen, versäubern und bügeln. Von Hand das Nadelkissen aufnähen.

Fingernadelkissen

~ Besonders praktisch für die Hand ~

Anleitung

Erdbeere

1 Tupfen-Stoff rechts auf rechts zum Dreieck aufeinander legen und offene Kanten füßchenbreit zunähen, dabei 3 cm zum Verstürzen offen lassen. Nahtzugabe zurückschneiden, Teil wenden und Naht ausbügeln. Das Pomponband auf die Hälfte legen, sodass die Pompons versetzt übereinander liegen. Das Band entlang der Bruchkante von rechts mittig auf das Dreieck aufsteppen.

2 Die Erdbeere im mittleren Dreieck mit Füllwatte ausstopfen und die Öffnung von Hand zunähen. Die Dreiecksspitzen rechts und links nach hinten einschlagen und an den Spitzen von Hand zusammennähen. Beachten Sie dabei die Fingergröße.

Froschkönig

1 Pepita-Stoff zunächst zum Dreieck verarbeiten (siehe Erdbeere). Zusätzlich nach der Vorlage die Krone auf die Papierseite der Klebefolie aufzeichnen, grob ausschneiden, von links auf Vichykaro-Stoff bügeln und exakt ausschneiden. Die Schutzfolie abziehen und mittig von rechts unterhalb der Bruchkante des Dreiecks aufbügeln.

2 Den Froschkönig mit Rocailles dekorieren. Dazu 3 Perlen in Rosa für die Zacken der Krone und 15 Perlen in Grün für das Maul verwenden. Beim Annähen der Augen zunächst eine Scheibenperle, dann eine Rocaille auffädeln und durch die Scheibenperle zurückfädeln.

3 Anschließend den Frosch ausstopfen und fertigstellen, wie bei der Erdbeere beschrieben.

Größe
ca. 4 cm x 4 cm

Material
Erdbeere
✳ Baumwollstoff Tupfen in Rot/Weiß, Rest
✳ Pomponband klein, in Hellgrün, 1,5 cm breit, 7 cm
✳ Füllwatte

Froschkönig
✳ Baumwollstoff Pepita in Hellgrün, Rest
✳ Baumwollstoff Vichykaro in Rosa/Weiß, Rest
✳ doppelseitige Klebefolie zum Aufbügeln, Rest
✳ Füllwatte
✳ 3 Rocailles in Rosa
✳ 17 Rocailles in Grün
✳ 2 Scheibenperlen in Rosa, ø 5 mm

Matroschka
✳ Baumwollstoff Matroschka in Rosa, Rest
✳ Rocailles in Hellblau
✳ 8 Rocailles in Rot
✳ Füllwatte

Vorlage
Seite 124 (Krone für Froschkönig)

Zuschnitt
1x 7 cm x 7 cm pro Nadelkissen

Matroschka

1 Aus dem Matroschka-Stoff ein geeignetes Motiv auswählen und so zuschneiden, dass der Kopf sich in einer Quadratecke befindet.

2 Dann das Quadrat zum Dreieck verarbeiten (siehe Erdbeere) und vor dem Ausstopfen mit den Rocailles verzieren. Dabei zwei Rocailles in Hellblau für die Augen und die Rocailles in Rot für das Kopftuch verwenden.

3 Anschließend die Matroschka ausstopfen und fertig stellen, wie bei der Erdbeere beschrieben.

Frecher Kaktus

~ Grünes Pflänzchen das nicht sticht ~

Anleitung

Blumentopf

1 Teil D links auf links aufeinander legen, Volumenvlies dazwischen legen, einbügeln und an äußerer Längskante versäubern.

2 Karoband auf das Pomponband steppen, sodass Pompons noch sichtbar sind. Pompons und Karoband über versäuberte Kante steppen, sodass die Pompons über die Kante stehen.

3 Teil D links auf rechts, Schnittkante auf Schnittkante, entlang der oberen Kante auf Teil A knappkantig feststeppen.

4 Teil A an gerader Kante rechts auf rechts füßchenbreit zusammennähen und die Nahtzugabe auseinander bügeln, dabei 3 cm zum Verstürzen offen lassen.

5 Teil B (Boden) und C (Deckel) jeweils in entsprechende Öffnung von Teil A rundum feststecken und füßchenbreit einnähen. Die Nahtzugabe zurückschneiden und Nähte ausstreichen.

6 Teil wenden, zunächst mit Reis befüllen, dann mit Füllwatte ausstopfen. Öffnung von Hand zunähen.

Kaktus

1 Teil F, G und H jeweils rechts auf rechts aufeinander legen und an den Rundungen füßchenbreit zusammennähen, dabei jeweils 2 cm zum Verstürzen offen lassen.

2 Zugaben zurückschneiden und auf rechts drehen. Alle Teile mit etwas Füllwatte ausstopfen und Wendeöffnungen von Hand zunähen.

3 Zackenlitze auf Teil E steppen. Dabei das Band mit 2 bis 3 mm Abstand zur Schnittkante von rechts entlang einer Außenkante knappkantig aufsteppen.

4 Kaktusteile F, G und H mit der offenen kurzen Kante nach Markierungspunkten (siehe Schnittmuster) auf Teil E so feststecken, dass die Rundungen nach innen zeigen.

5 Teile E rechts auf rechts aufeinander stecken und an den Rundungen füßchenbreit zusammennähen, dabei die gerade Kante offen lassen und

Größe

ca. 21 cm x 9 cm

Material

* Baumwollstoff Ornament in Hellgrün, Rest
* Baumwollstoff Blümchen in Mint/Grün, Rest
* Baumwollstoff gemustert in Grün/Weiß, Rest
* Baumwollstoff gestreift in Mint/Weiß, Rest
* Gewebeeinlage G 700, 15 cm
* Baumwollstoff Tupfen in Mint, Rest
* Volumenvlies HH 650, Rest
* Zackenlitze in Hellgrün, 1 cm breit, 25 cm
* Karoband in Grün/Weiß, 1 cm breit, 25 cm
* Pomponband klein, in Hellgrün, 1,5 cm breit, 25 cm
* Füllwatte
* Reis

Vorlage

Seite 126

Zuschnitt

* 1x Teil A, Ornament in Hellgrün (Blumentopf), Gewebeeinlage
* 1x Teil B, Ornament in Hellgrün (Boden), Gewebeeinlage
* 1x Teil C, Ornament in Hellgrün (Topfdeckel), Gewebeeinlage
* 2x Teil D, Ornament in Hellgrün und 1x Volumenvlies (Topfrand)
* 2x Teil E, Blümchen in Mint/Grün (Kaktus)
* 2x Teil F, gemustert in Grün/Weiß (Kaktus oben)
* 2x Teil G, gestreift in Mint/Weiß (Kaktus rechts unten)
* 2x Teil H, Tupfen in Mint (Kaktus links oben)

Nahtzugabe

Alle Teile gemäß Schnittmuster zuschneiden. Eine Nahtzugabe von 0,75 cm ist in allen Schnittteilen bereits enthalten.

Kaktusteile mitfassen. Zugaben zurückschneiden, Teil auf rechts drehen und mit Füllwatte ausstopfen.

6 Kaktus mit der offenen Kante mittig auf dem Blumentopf festnähen, dabei die Zugabe nach innen schlagen.

7 Zur Stabilität entlang der Blumentopf Oberkante von Hand mit doppeltem Faden im Vorstich durch alle Stofflagen rundum nähen und dabei die Topfoberfläche straffen.

Nadelkissen für den Arm

~ Hübsches Accessoire für die Nadelfee ~

Schwierigkeitsgrad: ❖❖❖

Anleitung

1 Alle Teile gemäß den Angaben zuschneiden. Beide Stoffkreise mit Zickzackstich versäubern.

2 Beim großen Stoffkreis rundherum einen Einhaltefaden 0,7 cm von der Kante entfernt von Hand mit festem Nähgarn und ca. 0,5 cm Stich änge einziehen. Die Stoffkante so kräuseln, dass sie einklappt und eine 4 cm große kreisförmige Öffnung bleibt. Die Fadenenden des Einhaltefadens verknoten oder vernähen.

3 Das Nadelkissen fest mit Füllwatte ausstopfen.

4 Die Pappscheibe flächig mit Klebestift einstreichen und mittig auf die linke Stoffseite des kleinen Stoffkreises kleben. Beim kleinen Stoffkreis rundherum einen Einhaltefaden 0,7 cm von der Kante entfernt einziehen. Den Stoffrand so einkräuseln, dass er einklappt und sich fest um den Papprand legt. Die Fadenenden fest verknoten oder vernähen.

5 Den Stoffstreifen der Länge nach mittig rechts auf rechts legen und entlang der langen Kante, 0,7 cm vom Rand entfernt, zusammensteppen. Die Nahtzugaben auseinanderbügeln, das Band auf rechts wenden. Nochmals von rechts bügeln, dabei das Band so legen, dass die Naht in der Mitte des Bandes verläuft.

6 Das Gummiband in den Stofftunnel einziehen. Die Länge überprüfen und das Gummiband gegebenenfalls kürzen. Das Gummiband an beiden Enden feststeppen. Das überzogene Gummiband um das Nadelkissen legen und mit kleinen Rückstichen von Hand oder mit der Maschine feststeppen.

7 Den Deckel mit feinen Handstichen am Nadelkissen und am Armgummi-band festnähen.

Größe
ø ca. 9 cm, ca. 4-5 cm hoch

Material
❋ Stoff A Baumwollstoff in Grün mit Punkten, 27 cm x 18 cm
❋ Stoff B Baumwollstoff in Hellblau mit Röschen, Rest
❋ fester Pappkreis, 0,2-0,3 cm dick, ø 6 cm
❋ Füllwatte
❋ Gummiband, 2,5 cm breit, 19 cm lang
❋ Nähgarn, farblich passend
❋ festes Nähgarn
❋ Klebestift

Schnittmusterbogen A

Zuschnitt
❋ Stoffkreis: 1x Stoff A, ø 18 cm
❋ Stoffkreis: 1x Stoff A, ø 9 cm
Nicht auf Schnittmusterbogen:
❋ Stoffstreifen: 1x Stoff B, 7 cm x 28 cm

Nahtzugabe
Eine Nahtzugabe von 1 cm ist in den Maßen bereits enthalten.

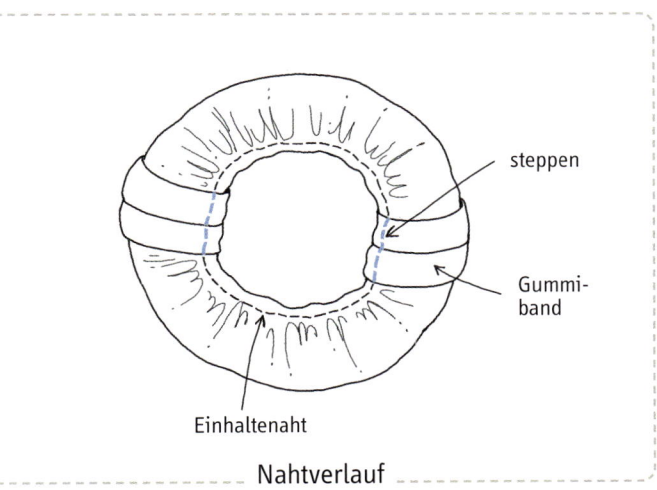

steppen

Gummi-band

Einhaltenaht

Nahtverlauf

Nähset für unterwegs

~ Praktisch für Reisen und die Handtasche ~

Schwierigkeitsgrad: ❖ ❖ ❖

Anleitung

1 Alle Teile gemäß den Angaben zuschneiden. Stoff A rundherum mit Zickzackstich versäubern. Die Vlieseline mittig auf die linke Seite von Stoff A bügeln, dabei bleibt rundherum je 2 cm Rand. Die Nahtzugaben von Stoff A auf links zu Briefecken wie abgebildet umbügeln.

2 Die umgebügelten Kanten rundherum 0,5 cm vom Rand entfernt mit der Nähmaschine mit der größten Stichlänge heften. Nun die Schrift „mit Nadel und Faden" vom Schnittmusterbogen mit Markierstift oder Schneiderkreide auf die rechte Stoffseite übertragen und 2-3x „lässig" mit kurzem Geradstich und Nähgarn in Pink nachsteppen.

3 Taschen und Herzen auf den Wollfilz in Pink heften und mit Zickzackstich und kontrastfarbigem Garn feststeppen. Den Wollfilz in Pink passgenau auf Stoff A legen, die linken Seiten liegen innen. Das Gummiband zu einer Schlaufe legen und zwischen die Stoffschichten heften. Dabei zeigt die Schlaufe nach außen. Stoff und Wollfilz zusammenheften und knappkantig entlang den Außenkanten aufeinanderssteppen. Das Gummiband dabei mit festnähen. Den Heftfaden entfernen.

4 Das Etui zusammenklappen und den Knopf annähen.

Größe
15 cm x 15 cm (aufgeklappt 30 cm breit)

Material
✳ Stoff A Baumwollstoff in Grün mit Punkten, 15 cm x 30 cm
✳ Stoff B Wollfilz in Pink, ca. 0,3 cm dick, 15 cm x 30 cm
✳ Stoff C Wollfilz in Rosa, ca. 0,3 cm dick, 3x 8 cm x 6 cm, 6 cm x 6 cm, 5 cm x 13 cm und 2x Herz
✳ Vlieseline H 250, 15 cm x 30 cm
✳ Gummiband, farblich passend, ca. 6 cm lang
✳ Knopf zum Beziehen, ø 2,9 cm
✳ Stoffrest mit Rosen
✳ farblich passendes Nähgarn
✳ Nähgarn in Pink

Schnittmusterbogen A

Zuschnitt
✳ Außenhülle: 1x Stoff A und Vlieseline, 15 cm x 30 cm
✳ Innenteil: 1x Stoff B, 15 cm x 30 cm
✳ Tasche: 1x Stoff C, 8 cm x 6 cm
✳ Tasche: 1x Stoff C, 6 cm x 6 cm
✳ Tasche: 1x Stoff C, 5 cm x 13 cm
✳ Kleines Herz: 1x Stoff C
✳ Großes Herz: 1x Stoff C

Nahtzugabe
Filz und Vlieseline ohne Nahtzugaben zuschneiden, Stoff A mit 2 cm Nahtzugabe an allen Kanten.

Tipp

Wer kein farblich passendes Gummiband zur Hand hat, kann aus einem kleinen Stoffrest einen kleinen Tunnel für das Gummiband nähen. Dazu einen 3 cm x 10 cm großen Stoffstreifen an den Längskanten 0,5 cm breit nach links umbügeln. Das Band der Länge nach falten und bügeln. Die Längskanten sauber aufeinanderheften, die Nahtzugaben liegen innen. Die Kante knappkantig steppen. Das Gummiband durch den Stofftunnel ziehen und die Enden fixieren.

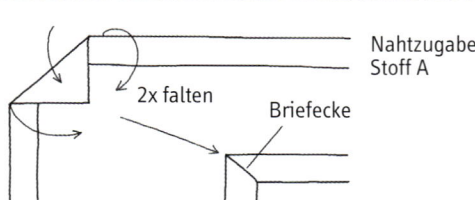

Nahtzugabe zu Briefecken bügeln

Schützendes Nähmaschinen-Cover

~ Bunt verpackt für das heimische Nähstudio ~

Schwierigkeitsgrad: ✦ ✦ ✦

Größe
ca. 22 cm x 52 cm x 33 cm (T x B x H)

Material
✳ Körper: Baumwollstoff geblümt, ca. 1x 85 cm x 53 cm
✳ Stirnseiten: Baumwollstoff mit Zacken, 2x 24 cm x 34 cm
✳ Volumenvlies: 1x 85 x 53 cm und 2x 24 x 34 cm
✳ Schrägband: Baumwollstoff mit Blumen, ca. 150 cm lang (Fertigmaß)
✳ Paspelband, 2x 92 cm

Schnittmusterbogen A

Zuschnitt
✳ 1x Schnittteil „Körper"
✳ 2x Schnittteil „Stirnseite"
✳ Volumenvlies:
   1x Schnittteil „Körper"
   2x Schnittteil „Stirnseite"
✳ Schrägband, 150 cm

Nahtzugabe
An der unteren Kante keine Nahtzugabe, alle anderen Teile mit 0,5 cm Nahtzugabe zuschneiden.

Anleitung

1 Volumenvlies auf alle Teile aufbügeln. Stepplinien im 45°-Winkel aufzeichnen, an den Stirnseiten 5 cm Raster, am großen Körper 10 cm Raster aufzeichnen.

2 Alle Teile absteppen und evtl. Stickerei oder Applikation anbringen.

3 Paspelband an die rechte Stoffseite der Stirnseiten nähen.

4 Stirnseiten rechts auf rechts an den Körper nähen.

5 Die untere Kante mit Schrägband (siehe Grundkurs Seite 119) einfassen.

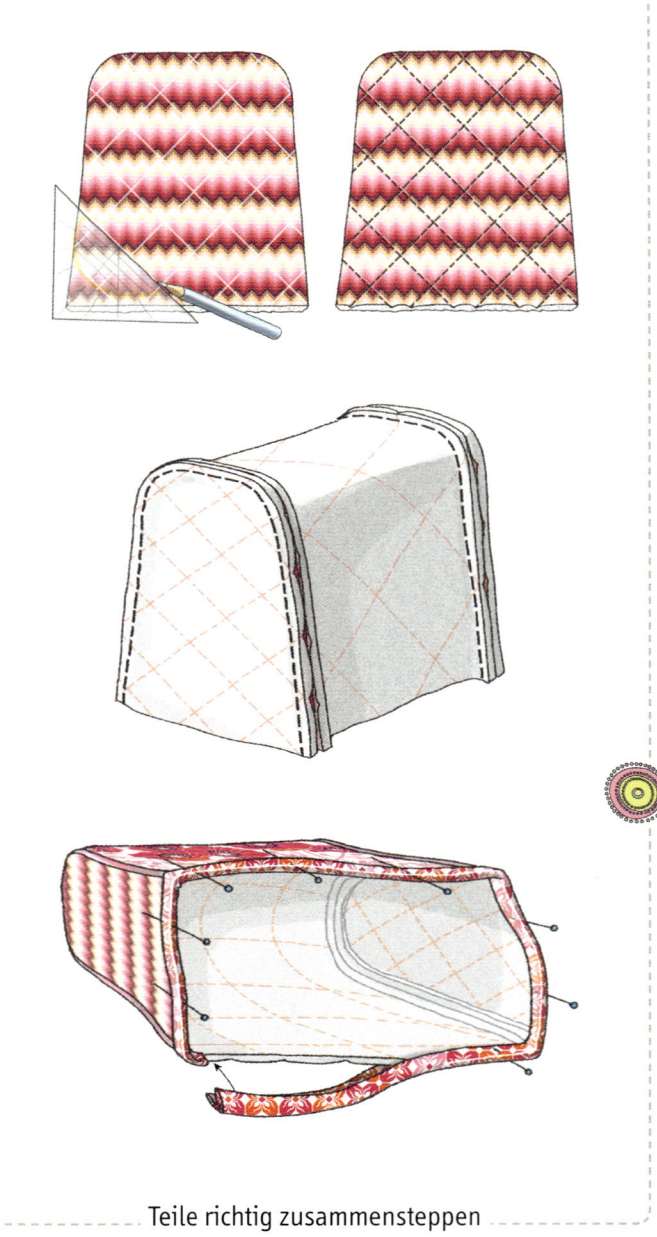

Teile richtig zusammensteppen

Täschchen für Strickutensilien

~ Gut verstaut mit neuen Ideen ~

Anleitung

1 Alle Teile gemäß den Angaben zuschneiden. Alle Volumenvliesteile mittig auf die linken Seiten der Schnittteile A aufbügeln.

2 Je ein Deckelteil aus Stoff A und Stoff B rechts auf rechts aufeinanderlegen, den Reißverschluss dazwischen heften und feststeppen. Mit der anderen Seite ebenso verfahren. Die Stofflagen nach rechts umbügeln und rechts und links des Reißverschlusses 0,7 cm von der Kante entfernt steppen. Die Maße des Deckels überprüfen und gegebenenfalls nachschneiden. Dabei beachten, dass die kurze Seite 12 cm (10 cm + je 1 cm Nahtzugabe) betragen sollte.

3 Die 2 Bodenstücke passgenau aufeinanderlegen, die rechten Seiten liegen außen. Die Bodenstücke rundherum mit langer Sticheinstellung zusammenheften. Anschließend auf dem Deckelteil so zusammenlegen, dass die Innenstoffseiten aufeinanderliegen.

4 Zu einem Ring zusammensteppen, die Nahtzugaben zeigen nach außen. Die Nahtzugaben in Richtung Bodenteil, weg vom Reißverschluss, bügeln. Die langen Seiten der Abdeckstücke 1 cm breit nach links umbügeln. Die Stoffstücke und Webbandschlaufen auf die Reißverschlussenden heften und feststeppen. Die Webbandschlaufen zusätzlich mit einem gesteppten Quadrat befestigen.

Größe
11 cm x 22 cm x 10 cm

Material
✳ Stoff A Baumwollstoff in Grün mit Punkten, 25 cm x 114 cm
✳ Stoff B Baumwollstoff in Pink mit Ornamenten, 25 cm x 114 cm
✳ Stoff C Baumwollstoff in Rosa mit Röschen, Rest
✳ 2x Webband, 2 cm breit, 10 cm lang
✳ Reißverschluss, farblich passend, 30 cm lang
✳ Nähgarn, farblich passend
✳ Volumenvlies H 640, 25 cm lang

Schnittmusterbogen A

Zuschnitt
✳ Seitenteil: je 2x Stoff A und B
✳ Seitenteil: 2x Volumenvlies ohne Nahtzugabe
Nicht auf Schnittmusterbogen
✳ Boden: je 1x Stoff A und B, 10 cm x 38 cm
✳ Boden: 1x Volumenvlies ohne Nahtzugabe
✳ Deckel: je 2x Stoff A und B, 5 cm x 30 cm
✳ Deckel: 2x Volumenvlies ohne Nahtzugabe
✳ Abdeckung: 2x Stoff C, 5 cm x 10 cm

Nahtzugabe
Wenn nicht anders angegeben an allen Nähten und Kanten 1 cm.

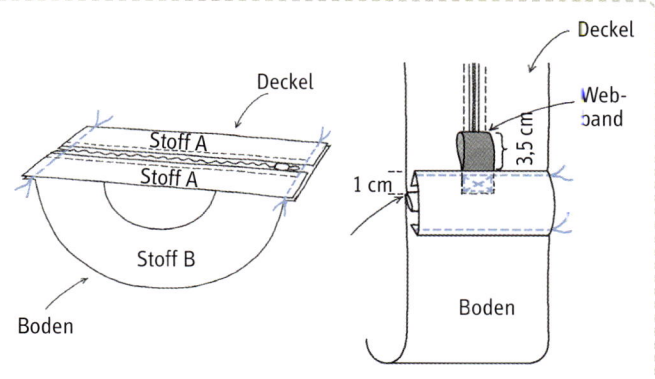

Decke, Boden und Abdeckstücke richtig zusammennähen

5 Die Schrift „strickliesel" vom Schnittmusterbogen mit Markierstift oder Schneiderkreide auf die rechte Stoffseite eines Seitenteils übertragen und 2-3x „lässig" mit kurzem Geradstich und kontrastfarbigem Nähgarn nachsteppen.

6 Die Seitenteile rechts auf rechts an den fertigen Ring heften und feststeppen. Alle Nahtzugaben zusammen mit Zickzackstich versäubern. Das Täschchen auf rechts wenden.

DIN A5-Briefmappe und iPad-Cover

~ Neue Nähideen im schicken Design ~

Anleitung

1 Schabrackeneinlage auf 4-eckiges Teil, Vlieseline je 1x auf alle anderen Teile, außer den Wollfilz, aufbügeln.

2 Alle Teile rechts auf rechts aufeinandernähen, dabei an jedem Teil eine Wendeöffnung lassen (siehe Schnittmuster). Die Ecken abschneiden und Rundungen einschneiden. Alle Teile wenden und sorgfältig bügeln.

3 Wollfilz in der Mitte absteppen. Die Teile absteppen, wie im Schnittmuster eingezeichnet. Die anderen Kanten werden beim Aufnähen in einem Arbeitsgang mit abgesteppt.

Größe
ca. 30 cm x 21 cm

Material
* Wollfilz, 40 cm x 26 cm
* Baumwollstoff mit Zacken, 2x 15 cm x 14 cm und 2x 24 cm x 21 cm
* Baumwollstoff mit Blumen, 2x 21 cm x 18 cm und 2x 12 cm x 11 cm und 2x 16 cm x 7 cm
* aufbügelbare Vlieseline H 310
* Schabrackeneinlage, 22 cm x 19 cm
* Druckknopf
* Gummiband, 15 cm

Schnittmusterbogen A

Zuschnitt
* je 2x Schnittteil 1 und 4
* je 2x Schnittteil 2, 3 und „Lasche"
* Vlieseline:
    1x Schnittteil „Lasche"
    je 1x Schnittteil „1/4 Kreis 1, 2 und 3
* Schabrackeneinlage: 1x „Schnittteil „Rechteck"
* Wollfilz: 1x Schnittteil „Mappenhülle"

Nahtzugabe
Wollfilzteil und Schabrackeneinlage ohne Nahtzugabe, alle anderen Teile mit 0,5 cm Nahtzugabe zuschneiden.

Nahtverlauf

4 Den Druckknopf laut Markierung auf dem Wollfilz und auf der Lasche anbringen. Die Lasche absteppen und annähen, dabei die Wendeöffnung schließen.

5 Teil 2 auf 1 nähen, dort wo schon abgesteppt ist, bleibt die Öffnung offen. Gummiband auf Teil 1 aufnähen. Teil 4 auf 3 nähen, dort wo schon abgesteppt ist, bleibt die Öffnung offen.

6 Die Teile auf den Wollfilz legen, feststecken und den Wollfilz außen ringsherum absteppen, dabei die Wendeöffnungen schließen.

Etui für Häkelnadeln

~ Stofffantasien für ein neues Hobby ~

Schwierigkeitsgrad: ❖ ❖ ❖

Anleitung

1 Alle Teile gemäß den Angaben zuschneiden.

2 Das Volumenvlies auf Stoff A aufbügeln.

3 Stoff A und B rechts auf rechts legen. Die untere Kante 1 cm vom Rand entfernt zusammensteppen. Die Nahtzugaben auseinanderbügeln. Die Schnittteile links auf links klappen, passgenau aufeinanderlegen und mit Stecknadeln fixieren. Die rechten Stoffseiten liegen außen, das Volumenvlies innen. Die untere Kante 0,7 cm entfernt von der Kante absteppen.

4 Den unteren Teil 9 cm breit nach oben klappen und bügeln. Die offenen Kanten 0,5 cm vom Rand entfernt mit langer Sticheinstellung zusammenheften. Aus einem 62 cm langen Schrägband ein Bindeband nähen.

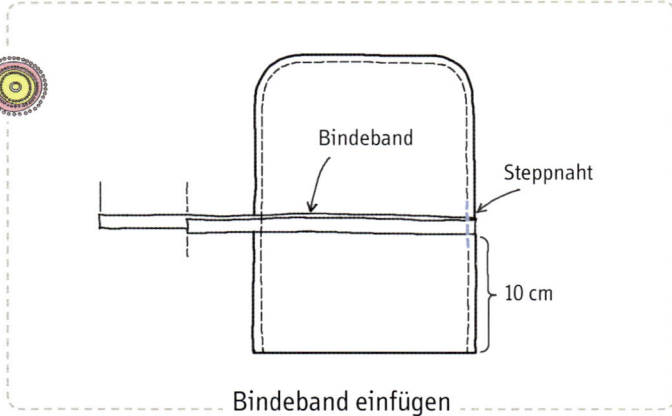

Bindeband einfügen

Größe
17 cm x 8 cm (zusammengebunden)

Material
✳ Stoff A Baumwollstoff in Pink mit Ornamenten, ca. 40 cm x 20 cm
✳ Stoff B Baumwollstoff in Grün mit Punkten, ca. 40 cm x 20 cm
✳ Stoff C Baumwollstoff in Hellblau mit Röschen, Rest
✳ Volumenvlies H 640, aufbügelbar, ca. 40 cm x 20 cm
✳ Nähgarn, farblich passend

Schnittmusterbogen A

Zuschnitt
✳ Außenteil: 1x Stoff A und Volumenvlies
✳ Innenteil: 1x Stoff B
Nicht auf Schnittmusterbogen
✳ Schrägband: 1x Stoff C, 5 cm x ca. 140 cm

Nahtzugabe
Die Nahtzugaben sind im Schnitt bereits enthalten.

Dazu die langen Kanten sauber aufeinanderlegen und die kurzen Enden nach innen einklappen. Das Bindeband an den offenen Seiten knappkantig zusammensteppen, zusammenlegen und am Rand feststeppen.

5 Die offenen Seiten des Etuis mit Schrägband einfassen, dabei das Bindeband mit festnähen. Dazu das Band der Länge nach aufklappen und Kante an Kante auf die Innenseite des Etuis heften. Dabei in der Mitte eines Seitenteils beginnen und den Anfang des Bandes ca. 0,7 nach innen umschlagen. Dort wieder angekommen, das Schrägband ca. 0,7 cm überlappen lassen und abschneiden. Das Schrägband 1 mm rechts von der 1. Umbruchkante feststeppen. Den Streifen über die Kante auf die rechte Stoffseite klappen und die Umbruchkante nach innen einschlagen. Den Streifen so festheften, dass die 1. Naht überdeckt ist. Das Schrägband nun knappkantig von rechts festnähen. Die Ansatzstelle von Hand vernähen oder knappkantig absteppen.

6 Zum Schluss Menge und Breite der Fächer für die Häkelnadeln festlegen und anzeichnen. Mit Geradstich absteppen, die Nahtenden mit Riegeln sichern.

Tipp

Sie können Ihr eigenes Schrägband im schrägen Fadenlauf zuschneiden und mit einem Schrägbandformer selbst herstellen oder auch fertiges Schrägband kaufen. Von Stoff C brauchen Sie dann kein Material.

Für den besonderen Look

Wer kennt nicht das Gefühl vor dem Kleiderschrank zu stehen und mal wieder absolut nichts zu finden, was zusammenpasst? Das ist nun kein Problem mehr. Die Accessoires in diesem Kapitel sind ruckzuck genäht und geben Ihrem Outfit das besondere Etwas.

Sei es nun ein Cacheur als wärmender Schmeichler für die Taille, ein hübscher Loop oder die kleine Blüte zum Anstecken. Hier findet sich für jeden etwas. Nähen Sie ein Modell doch in verschiedenen Farben. So können Sie es zu den unterschiedlichsten Looks kombinieren.

Cacheur

~ Schmeichelndes für die Taille ~

Material

✳ Wildseide bedruckt in Petrol, ca. 95 cm x 20 cm und 175 cm x 7 cm (für das Bindeband)
✳ Wildseide unbedruckt, ca. 95 cm x 20 cm
✳ Vlieseline G 405, 100 cm x 40 cm
✳ Kordel für Paspel oder fertige Paspel, ø ca. 1 cm

Zuschnitt

Hüftumfang messen. Die beiden Stoffteile in der erforderlichen Länge und Breite je 1x zuschneiden, ebenso die Vlieseline.
Das Bindeband in der erforderlichen Größe (Länge des Hüftumfangs + 90 cm, Breite ca. 7 cm) zuschneiden.
Paspelstreifen: Stoffstreifen aus der unifarbenen Seide in der Länge des Cacheurs und einer Breite von 4 cm zuschneiden.

Anleitung

1 Stoff für Paspelband der Länge nach links auf links falten und bügeln. Stoffstreifen aufklappen, die Kordel so dazwischen legen, dass sie genau in dem gebügelten Falz liegt und den Stoffstreifen wieder zuklappen. Mit Stecknadeln fixieren.

2 Jetzt so knapp wie möglich an der Kordel das Band zusammensteppen – hierzu kann die Einstellung der Nadelposition an der Nähmaschine hilfreich sein.

3 Fertiges Paspelband rechts auf rechts auf eine Längskante des unifarbenen Stoffes legen, feststecken und genau auf der Naht des Bandes aufsteppen.

4 Beide Stoffteile nun rechts auf rechts aufeinander legen, rundum feststecken und mit dem Geradstich 1 cm breit rundum zusammennähen. Dabei an der unteren Kante eine Wendeöffnung von ca. 16 cm offen lassen. Nahtanfang und -ende dabei gut vernähen.

5 Überschüssige Nahtzugaben und die Ecken schmal zurückschneiden, Cacheur wenden, Naht vorsichtig herausholen und alles gut ausbügeln.

6 Den Stoffstreifen für das Bindeband der Länge nach rechts auf rechts zusammenfalten, eine Schmalkante und die Längsseite mit dem Geradstich füßchenbreit zusammennähen. Bindeband mithilfe eines Kochlöffels wenden, ausbügeln, die Nahtzugabe der offenen Schmalkante nach innen schlagen und das komplette Band rundum schmalkantig absteppen.

7 Das Band ca. 7 cm von der oberen Kante beginnend von der hinteren Mitte des Cacheurs aus aufstecken. Dabei wird es aber nicht komplett aufgesteckt, von den vorderen Schmalkanten messend werden ca. 22 cm frei gelassen.

8 Das Band nun auf den Cacheur rundum schmalkantig aufnähen.

Clevere Schlüsselanhänger

~ Kleiner Begleiter für unterwegs ~

Schwierigkeitsgrad: ✧✧✧

Größe
3 cm x 15 cm

Material
✳ Stoffrest, 30 cm x 10 cm
✳ Webband, 30 cm lang, evtl. einen weiteren Rest
✳ Lösungsmittelfreies doppelseitiges Klebeband
✳ Vlieseline Bundfix, 3 cm breit, 30 cm lang
✳ Rohling für Schlüsselbänder, 3 cm breit, mit Schlüsselring
✳ Zange

Anleitung

1 Bundfix auf die Rückseite des Stoffrestes bügeln und auskühlen lassen. Die beiden Seiten zur Mitte bügeln, dann in der Mitte knicken und alles bügeln.

2 Den Stoffstreifen wieder öffnen. Das Webband mit Hilfe des doppelseitigen Klebebandes mittig auf einen der mittleren Streifen – genau zwischen die zwei Falzlinien – aufkleben. Dann das Webband mit der Nähmaschine festnähen.

3 Den Stoff wieder wie oben falten und die beiden langen Seiten des Streifens absteppen.

4 Den Stoffstreifen zu einer Schlaufe legen und in die Schiene des Schlüsselanhängers schieben. Evtl. zusätzlich einen Rest Webband in der Mitte falzen und ebenfalls in die Schiene schieben. Den Clip mit einer Zange oder einem anderen Gewicht zusammendrücken, dabei zum Schutz des Clips ein Stück Pappe, mehrere Schichten Stoff oder einen Rest Decovil I zwischen den Clip und die Zange legen.

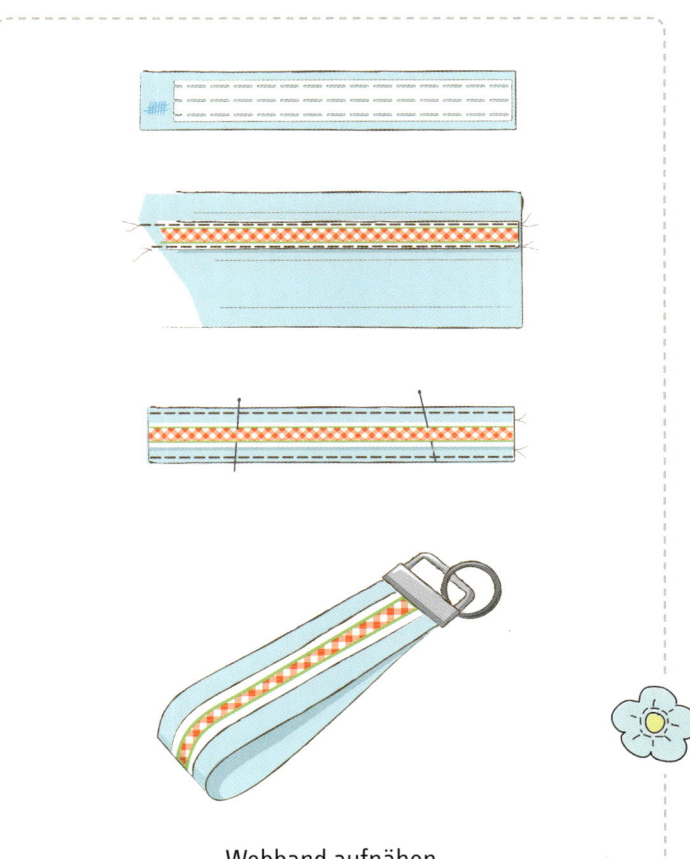

Webband aufnähen

Farbenfrohe Blüte

~ Für den Frühling im Nähkästchen ~

Schwierigkeitsgrad: ❖ ❖ ❖

Größe
ø ca. 9 cm

Material
* Stoffreste, in Streifen geschnitten, 45 mm breit
* Großer Knopf
* Schrägbandformer, 25 mm
* Handnähnadel und Faden
* Fingerhut

Anleitung

1 Die Stoffreste durch den Schrägbandformer schieben und bügeln. Die Streifen dann nochmals der Länge nach falten, bügeln und mit einem Zickzackstich zusammennähen. Dann drei Streifen mit 20 cm Länge abschneiden, drei Streifen mit 17 cm und zwei Streifen mit 14 cm.

2 Heften Sie die Streifen wie abgebildet und nähen Sie sie jeweils mit ein paar Stichen zusammen.

3 Die drei großen Schlaufen sternförmig übereinander legen. Legen Sie darauf die drei mittelgroßen Streifen ebenfalls sternförmig versetzt. Als Letztes die beiden kleinen Schlaufen kreuzförmig auf die Blüte auflegen und dann alle Stoffschichten von Hand zusammennähen. Wegen der vielen Stoffschichten am besten einen Fingerhut verwenden. Zum Schluss einen Knopf als Blütenmitte aufnähen.

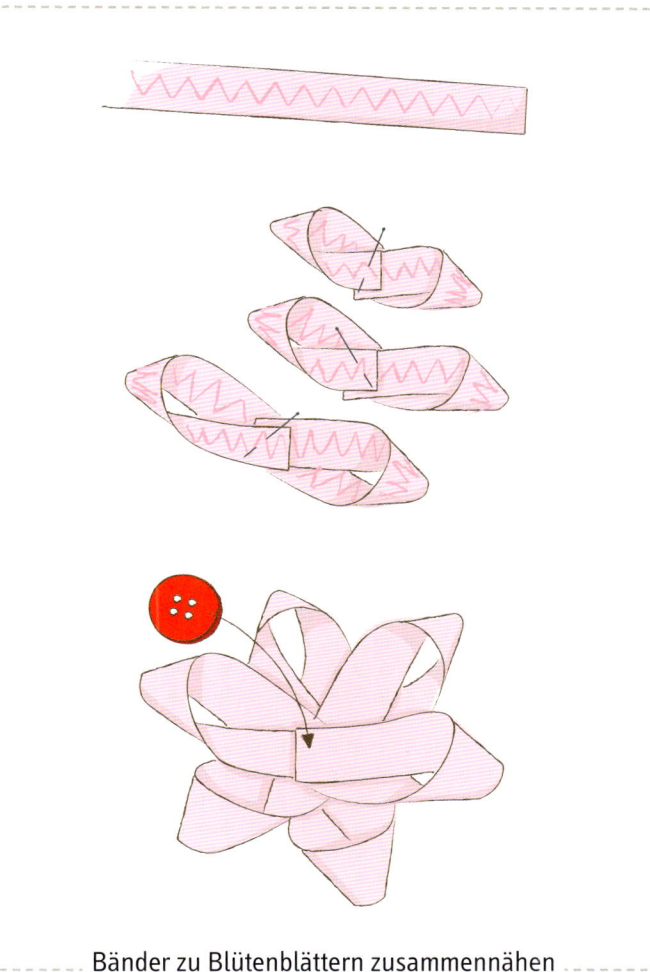

Bänder zu Blütenblättern zusammennähen

Klein und fein

~ Bezaubernder Zinnien-Haarschmuck ~

Schwierigkeitsgrad: ❖❖❖

Anleitung

1 Die Kreise zu einem Viertelkreis falten und mit großzügigen Hef-stichen durch den runden Rand nähen.

2 Die Blütenblätter zu einem Kreis verknoten.

3 Mit der Zackenschere einen Kreis ø 2 cm aus grauem Filz zuschnei-den. Die Blüte auf den Filzkreis kleben.

Blütenmittelpunkt

1 Variante A: Einen kleinen Knopf mit dem rosa Stoff beziehen und einkleben.

2 Variante B: Eine Perlkappe mit dem Hammer etwas flach schlagen und in der Mitte eine Halbperle aufbringen.

3 Variante C: Weitere sechs Stoffkreise uni ø 3 cm zuschneiden und wie in Schritt 2 beschrieben zusammennähen.

4 Zum Beziehen der Krokodilspange einen rosa Stoffstreifen Länge ca. 8 cm auf die Breite 1 cm falten und bügeln. Mithilfe des doppel-seitigen Klebebandes den Stoffstreifen um den oberen Teil der Spange kleben. Hierbei die Enden um das Metall klappen und auch auf der Unterseite befestigen.

5 Mithilfe des Heißklebers die Blüte auf die mit Stoff bezogene Haar-spange montieren.

Größe
Blüte ca. ø 4,5 cm

Material
✳ Baumwollstoff gemustert in Grau-Rosa, Hellblau, Rosa oder Hellgrün, Rest
✳ Baumwollstoff in Rosa, Rest
✳ Bastelfilz in Grau, Rest
✳ Zwirn
✳ Knopf, ø 1 cm
✳ Halbperlen, ø 0,5 cm
✳ Perlkappe, ø ca. 1 cm
✳ Krokodilspange, 5,7 cm x 0,9 cm
✳ doppelseitiges Klebeband
✳ Heißkleber
✳ Zackenschere

Vorlage
Seite 125

Zuschnitt
6 Stoffkreise in Grau-Rosa, ø 4,5 cm

 **Tipp**

Um Kreise zuzuschneiden nutzen Sie am besten ein kleines Glas oder eine Garnspule als Schablone. Auf den Stoff stellen und mit Bleistift umranden. So sind Kreise ein-fach auszuschneiden.

Einkaufswagenchip-Täschchen

~ Das Wichtigste immer dabei ~

Schwierigkeitsgrad: ◈◈◈

Größe
7 cm x 9 cm

Material
* 3 verschiedene Stoffreste, Vorderseite:
  2x 10 cm x 15 cm,
  Rückseite: 20 cm x 14 cm
* Öse, ø 12 mm

* Reißverschluss,
  8 cm lang
* Schlüsselring
* Trickmarker

Vorlage
Seite 124

Anleitung

1 Für die Vorderseite die beiden kleineren Zuschnitte in der Mitte knicken, sodass sie jeweils 10 cm x 7 cm groß sind und die rechten Stoffseiten außen liegen. Dann oben und unten auf den Reißverschluss legen und am Reißverschluss festnähen.

2 Für die Rückseite das größere Stoffstück ebenfalls in der Mitte falten – die rechte Stoffseite liegt dabei wieder außen – und rechts auf rechts auf die Vorderseite mit dem Reißverschluss legen. Mit Stecknadeln

fixieren und den Reißverschluss bis zur Mitte öffnen (nur so lässt sich die Tasche später wenden). Dann die Form der Tasche mit dem Trickmarker auf den Stoff übertragen und die Ränder der Tasche nähen. Die Nahtzugabe stark kürzen und mit einem kleinen Zickzackstich versäubern und die Tasche durch den Reißverschluss auf rechts wenden.

3 Die Tasche bügeln, dann die Öse an der markierten Stelle einschlagen und den Schlüsselring daran befestigen.

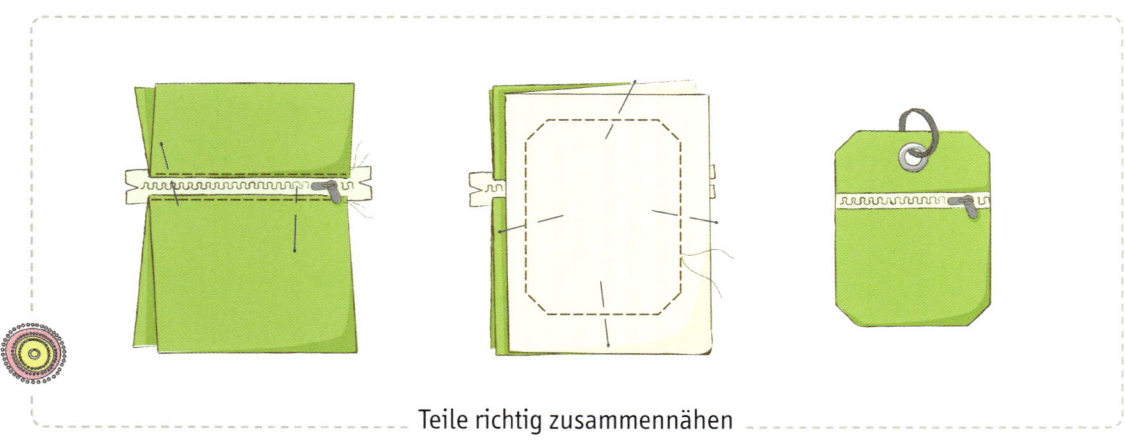

Teile richtig zusammennähen

Pure Style

~ Gesmokter Loop für den richtigen Style ~

Schwierigkeitsgrad: ❖ ❖ ❖

Größe
ø 62 cm x 20 cm

Material
✻ Baumwollstoff gemustert in Rosa-Weiß oder
   Baumwoll-Voile in Pink oder Orange, 1,37 m x 50 cm

Zuschnitt
✻ 1x „Pure Style" im Stoffbruch

Schnittmusterbogen B

Anleitung

1 Markieren Sie auf der Rückseite des Stoffes, gemäß Schnittmuster, die Punkte zum „smoken" mit einem Textilmarkierstift.

2 Falten Sie an diesen Punkten den Stoff zuerst waagrecht parallel zur Längskante und bilden dann eine kleine Falte von ca. 3 mm parallel dazu. Nähen Sie diese Falte nun mit ein paar fest vernähten Handstichen zusammen. Auf der Vorderseite sieht dieser Punkt dann „abgebunden" aus. Dies wird gemäß dem Schnittmuster einige Male wiederholt.

3 Anschließend nähen Sie die Längskante zusammen, ca. 5 cm eingerückt von der rechten und linken Seitenkante.

4 Wenden Sie den Loop und bügeln Sie leicht darüber, sodass die „abgebundenen" Punkte noch plastischer herauskommen.

5 Nähen Sie die Seitenkante rundherum zusammen.

6 Schließen Sie die Öffnung an der Unterkante mit kleinen Handstichen.

Tipp
Der gesmokte Loop wirkt besonders gut, wenn der Stoff eine kräftige Farbe hat! Orange, Pink oder Grün kommen gesmokt perfekt zur Geltung.

Für Taschenfreunde

Den richtige Begleiter für die nächste Fahrt ins Blaue finden Sie auf den folgenden Seiten. Ob die kunterbunte Taschentücherverpackung, die trendige I-Pad-Hülle, die modische Handtasche oder der etwas größere Weekender. Hier bekommen Sie alles gut verstaut, auf was Sie nicht verzichten möchten. Ob groß ob klein, in uni oder kunterbunt – für jede Gelegenheit ist etwas dabei. Alles ist ruckzuck genäht, sodass Sie schnell Freude daran haben.

Attraktive Seattle

~ *Taschentücher im neuen Look* ~

Schwierigkeitsgrad: ◇◇◇

Anleitung

1 Die Grundform dieses praktischen Taschentuch-Täschchens ist sehr einfach, kann aber auf verschiedenste Weise verziert und gestaltet werden. So wird die Grundform aus Stoff gemacht: Die Vlieseinlage auf den Oberstoff bügeln. Dann den Ober- und den Futterstoff rechts auf rechts legen und zusammennähen, dabei an einer Seite ca. 4 cm zum Wenden offen lassen. Den Stoff wenden und glattbügeln. Die Wendeöffnung zunähen.

2 Die beiden Kanten rechts und links zur Mitte falten und mit Stecknadeln fixieren. Die obere und die untere Seite ganz nah an der Kante feststeppen. Nun den Stoff wenden und bügeln – fertig!

Größe
12 cm x 7 cm

Material
✳ Oberstoff: Baumwollstoff, 16 cm x 16 cm oder Filz, 14 cm x 14 cm
✳ Futterstoff: beliebiger Baumwollstoff, 16 cm x 16 cm
✳ Vlieseinlage: Vlieseline H 250, 14 cm x 14 cm (nicht für Filztäschchen)
✳ evtl. Schrägband, Stoffblumen, Knöpfe etc.

Nahtzugabe
Eine Nahtzugabe von 1 cm ist in den angegebenen Maßen enthalten.

Nahtverlauf

Variationen

Das Taschentuchtäschchen kann auch in der Patchworktechnik gefertigt werden. Dazu vier Streifen von ca. 5 cm x 16 cm zusammennähen. Die Nähte glattbügeln und dann erst die Vlieseinlage aufbügeln. Danach wie oben beschrieben vorgehen.

Wenn das Täschchen aus Filz gefertigt wird, fällt Schritt 1 weg, stattdessen kann man die Seitenkanten absteppen. Dann die Seitenkanten in die Mitte klappen und absteppen. Das Wenden kann bei Filz entfallen.

Beim grauen Täschchen aus Filz wurden die Seitenkanten zunächst mit Schrägband, mit einer Knopfschlaufe sowie mit einem überziehbaren Knopf versehen, alles aus demselben Stoff.

Für eine Schlaufe einen Stoffrest von ca. 6 cm x 2 cm verwenden. Die Längskanten zur Mitte falten, glattbügeln, nochmals längs falten, glattbügeln, dann absteppen. Den Streifen zu einer Schlaufe formen und an einer Seite des Taschentuchtäschchens befestigen.

Die Stoffblüte wird mithilfe einer YoYo-Blumen-Schablone gemäß Herstellerangabe angefertigt und angenäht.

Kleine Charlotte

~ Kleinigkeiten gut verpackt ~

Schwierigkeitsgrad: ◇◇◇◇

Größe
8 cm x 8 cm x 18 cm

Material
Grün-blaue Tasche
* Oberstoff 1: Baumwollstoff mit Retromuster in Grün-Blau, 35 cm x 40 cm
* Futterstoff: Baumwollstoff mit Blumen in Grün-Blau, 35 cm x 40 cm
* Vlieseinlage, 35 cm x 40 cm
* Reißverschluss, 30 cm

Rote Tasche
* Oberstoff 1: Baumwollstoff in Rot mit Punkten, 35 cm x 40 cm
* Oberstoff 2: Baumwollstoff in Weiß mit bunten Streifen, 10 cm x 40 cm
* Futterstoff: Baumwollstoff in Grün mit Ranken, 35 cm x 40 cm
* Dekoband in Weiß mit Blumen, 1 cm x 80 cm
* Vlieseinlage, 35 cm x 40 cm
* Vliesofix, Rest
* Zahl zum Aufbügeln
* Reißverschluss, 30 cm

Schnittmusterbogen B

Zuschnitt
* Oberstoff 1:
  1x Schnittteil „Charlotte"
* Oberstoff 2:
  Stoffrest für Applikation, 10 cm x 32 cm
* Futterstoff:
  1x Schnittteil „Charlotte"
* Vlieseinlage:
  1x Schnittteil „Charlotte"

Nahtzugabe
Alle Stoffteile mit 1 cm Nahtzugabe zuschneiden.
Vlieseinlage ohne Zugaben ausschneiden.
Bei Verwendung eines Stoffes mit Musterrichtung den Schnitt nicht im Stoffbruch zuschneiden, sondern beide Teile einzeln mit Nahtzugabe zuschneiden und am unteren Rand zusammennähen.

Anleitung

1 Für die rote Tasche vor dem Nähen den Stoffstreifen aus Oberstoff 2 mit Hilfe von Vliesofix auf die Tasche applizieren, die Ränder mit einem aufgenähten Dekoband verdecken und die Zahl aufbügeln.

2 Den Zuschnitt aus Vlieseinlage auf die Rückseite des Oberstoffes bügeln. Dann die beiden Seiten des Taschenteils aus Oberstoff zur Mitte falten. Für den Reißverschluss die in der Mitte liegenden langen Kanten jeweils 1,5 cm nach innen schlagen und den Reißverschluss einnähen. Die beiden eingeschlagenen Stoffkanten treffen dabei nicht aufeinander, sondern lassen eine Lücke von 1 cm, die den Reißverschluss zeigt. Dann die beiden kurzen Seitenzusammennähen.

3 Die Tasche aufstellen, sodass an den vier Ecken jeweils zwei offene Kanten aufeinander treffen. Diese vier Seitennähte schließen und die Tasche durch den Reißverschluss wenden. Mit dem Futterstoff ebenso verfahren und auch zu einer Tasche verarbeiten. Dabei an der Stelle des Reißverschlusses eine Lücke lassen. Dann die Tasche aus Oberstoff über die noch auf links liegende Futtertasche stülpen und das Futter von Hand am Reißverschluss annähen.

Einkaufstasche mit Hülle

~ Zusammenfaltbar und zum Mitnehmen in Pink ~

Größe
Höhe ca. 16 cm, Breite ca. 11 cm

Material
❋ Baumwollstoff in Rot-Weiß gemustert, 20 cm
❋ Pünktchenstoff in Rot-Weiß, 10 cm
❋ Baumwollstoffrest in Rosa mit Rosenmuster
❋ Vliesofixrest
❋ Zackenlitze in Rot, 3 mm breit
❋ Satinband in Rot-Weiß gepunktet, 1,5 cm breit
❋ Taschenkarabiner
❋ Textilkleber
❋ Druckknopf, ø 1,2 cm, mit Werkzeug

Vorlage
Seite 124

Schnittmusterbogen B

Anleitung

1 Mithilfe einer Schablone die Taschenhülle viermal aus dem gemusterten Baumwollstoff zuschneiden. Je zwei Teile rechts auf rechts aufeinanderlegen, am trapezförmig zulaufenden Ende von Markierung zu Markierung füßchenbreit zusammennähen, verstürzen und ausbügeln.

2 Das Satinband auf eine Länge von 8 cm zuschneiden, links auf links doppelt legen, durch den Karabinerring ziehen und gemäß der Markierung auf der Vorlage zwischen die beiden Hüllenteile schieben. Die offenen Hüllenkanten rundum füßchenbreit zusteppen, versäubern, verstürzen und ausbügeln.

3 Das kleine Herz von der Vorlage auf Vliesofix übertragen, grob ausschneiden und auf den entsprechenden Stoff bügeln. Das Herz ausschneiden und mittig auf die Taschenhülle aufbügeln. Vliesofix in der Größe der Rose grob zuschneiden, links auf den Rosenstoff bügeln, die Rose ausschneiden und mittig auf das Herz bügeln. Die Zackenlitze entlang der Herzkontur aufkleben. Den Druckknopf gemäß Herstellerangaben einarbeiten.

4 Für den Taschenbeutel das große und das kleines Herz nach Vorlage auf Vliesofix zeichnen, grob ausschneiden und auf den entsprechenden Stoff bügeln.

5 Beide Herzen exakt ausschneiden und zuerst das große, dann das kleine Herz auf die Tasche bügeln. Die Rose wird wie oben beschrieben aufgebracht. Die Zackenlitze entlang den Konturen des großen Herzens festkleben.

Entspannte Perugia

~ Die Tasche zum Wohlfühlen ~

Anleitung

1 Für die geblümte Tasche ein Patchwork aus den Stoffen nähen. Der mittlere Teil ist Rot, an beiden Enden wird der blau-Weiße Stoff angesetzt. Thermolan hat keine Klebeseite, es wird einfach mit Sprühkleber für Stoff aufgeklebt (Herstellerangaben beachten). Den Stoffstreifen für den Verschluss längs falzen, sodass die rechte Stoffseite innen liegt. Am Rand zusammennähen und auf rechts wenden. Ein ca. 10 cm langes Stück davon abschneiden und durch den unteren Teil der Steckschnalle schieben. Die offenen Stoffseiten nach hinten legen, dann auf der Vorderseite der Tasche an der markieren Stelle festnähen. Die Enden des restlichen Stoffstreifens säumen und auf die Rückseite der Tasche an der markierten Stelle befestigen.
Bei der Jeanstasche die Vlieseinlage auf die Rückseite des Oberstoffes kleben. Vom Lederstreifen ein 5 cm langes Stück abschneiden und auf die Vorderseite der Tasche an der Markierung festnähen. Das Lederstück gemäß Abbildung so festnähen, dass in der Mitte ein Teil frei bleibt, durch den die lange Lasche gezogen werden kann. Den restlichen Teil des Lederstreifens an der Markierung auf der Rückseite der Tasche festnähen. Die Nieten gemäß Foto anbringen.

2 Die Tasche am Stoffbruch rechts auf rechts falzen und die beiden Ränder zusammennähen. An den beiden Ecken jeweils die Seitennaht auf die Bodennaht legen und die seitlichen kleinen Abnäher gemäß Zeichnung schließen. Dann die Tasche auf rechts wenden und das Filzstück in die Tasche legen.

3 Tasche aus Futterstoff wie in Schritt 2 beschrieben zusammennähen, jedoch nicht auf rechts wenden. Die Futtertasche in die Tasche aus Oberstoff einlegen. Den oberen Rand sehr knapp absteppen. Das Schrägband um den oberen Rand nähen, die einfache Steppnaht wird dabei verdeckt. Den oberen Teil der Steckschnalle auf das lange Ende des Bandes fädeln.

4 Für die Kühlpad-Hülle das Pad ausmessen. Die Länge verdoppeln und 3 cm dazu addieren. Die Breite bleibt. Die Maße zuzüglich Nahtzugabe auf den Futterstoff übertragen und ausschneiden. Die kurzen Seiten 2x knapp (ca. 8 mm) nach innen schlagen und absteppen. Die kurzen Enden zur Mitte falzen; sie stehen dabei 3 cm über, die rechte Stoffseite liegt innen. Dann die beiden Seiten mit einer Naht schließen und die Hülle auf rechts drehen. Das Kühlpad in die Hülle stecken.
Zum Verschließen der Tasche den oberen Rand einrollen und die Steckschnalle schließen.

Größe
17 cm x 28 cm x 12 cm

Material
Jeanstasche
* Oberstoff: Jeansstoff, 40 cm x 80 cm
* Futterstoff: Wachstuch in Türkis mit Blumenmuster, 40 cm x 80 cm
* Vlieseinlage: Thermolam, 40 cm x 90 cm
* Lederstreifen, 30 cm x 2 cm
* 2 Nieten, ø 5 mm
* Schrägband in Türkis, 2 cm breit, 80 cm lang
* Kühlpad, 15 cm x 12 cm
* starker Filzrest, 17 cm x 12 cm
* Sprühkleber für Stoff

Geblümte Tasche
* Oberstoff 1: Baumwollstoff in Weiß mit blauen Blumen, 40 cm x 60 cm
* Oberstoff 2: Baumwollstoff in Rot, 40 cm x 30 cm
* Futterstoff: Wachstuch in Rot mit rosa Punkten, 40 cm x 80 cm
* Vlieseinlage: Thermolam, 40 cm x 90 cm
* Steckschnalle/Blitzstecker in Schwarz, 2 cm breit
* Schrägband in Rot, 2 cm breit, 80 cm lang
* Kühlpad, 15 cm x 12 cm
* starker Filzrest, 17 cm x 12 cm
* Sprühkleber für Stoff

Schnittmusterbogen B

Zuschnitt
* Oberstoff 1:
  1x Schnittteil „Tasche" im Stoffbruch
  1x Verschluss, 4 cm x 40 cm (nur geblümte Tasche)
* Futterstoff:
  1x Schnittteil „Tasche" im Stoffbruch
* Vlieseinlage:
  1x Schnittteil „Tasche" im Stoffbruch

Nahtzugabe
Alle Stoffe mit 1 cm Nahtzugabe zuschneiden. Vlieseinlage ohne Zugaben zuschneiden.

iPad-Hülle mit Birne

~ Freche Früchtchen für die Technik ~

Schwierigkeitsgrad: ❖❖❖

Größe
für iPad der Größe 24,2 cm x 18,6 cm x 0,9 cm

Material
* Filz in Mittelbraun, 3 mm dick, ca. 30 cm x 44 cm
* Leder in Hellbraun oder Stoff in Schwarz-Weiß gemustert, Reste
* Stickgarn in Silber
* Stickvlies

Schnittmusterbogen A

Zuschnitt
* Filz:
    2x Schnittteil „iPad-Hülle"
* Leder:
    4x Schnittteil „Ecke iPad-Hülle"
    1x Schnittteil „Applikation Birne"

Nahtzugabe
Alle Teile ohne Nahtzugabe zuschneiden.

Anleitung

1 Die Applikation gemäß Abbildung links auf links auf eins der Filzteile legen, bei Leder mit der rauen Seite nach oben. Mit der Nähmaschine mit Stickgarn den Umrissen mehrmals folgen – es sollen sich mehrere nicht ganz deckungsgleiche Linien ergeben.

2 Die vier Lederecken aufnähen, zunächst nur entlang der inneren Rundung. Die äußere Seite bekommt beim Zusammennähen die Steppung.

3 Nun die beiden Filzteile genau aufeinanderlegen und 4 mm vom Rand entfernt von Markierung bis Markierung zusammennähen. Am Anfang und Ende die Naht gut sichern.

Tipp
Dicker Wollfilz läßt sich schleifen. Falls die Schnittkanten nicht ganz perfekt geworden sind, kann man sie nach dem Zusammennähen mit einer feinen Feile nachbessern – notfalls auch mit einer Nagelfeile.

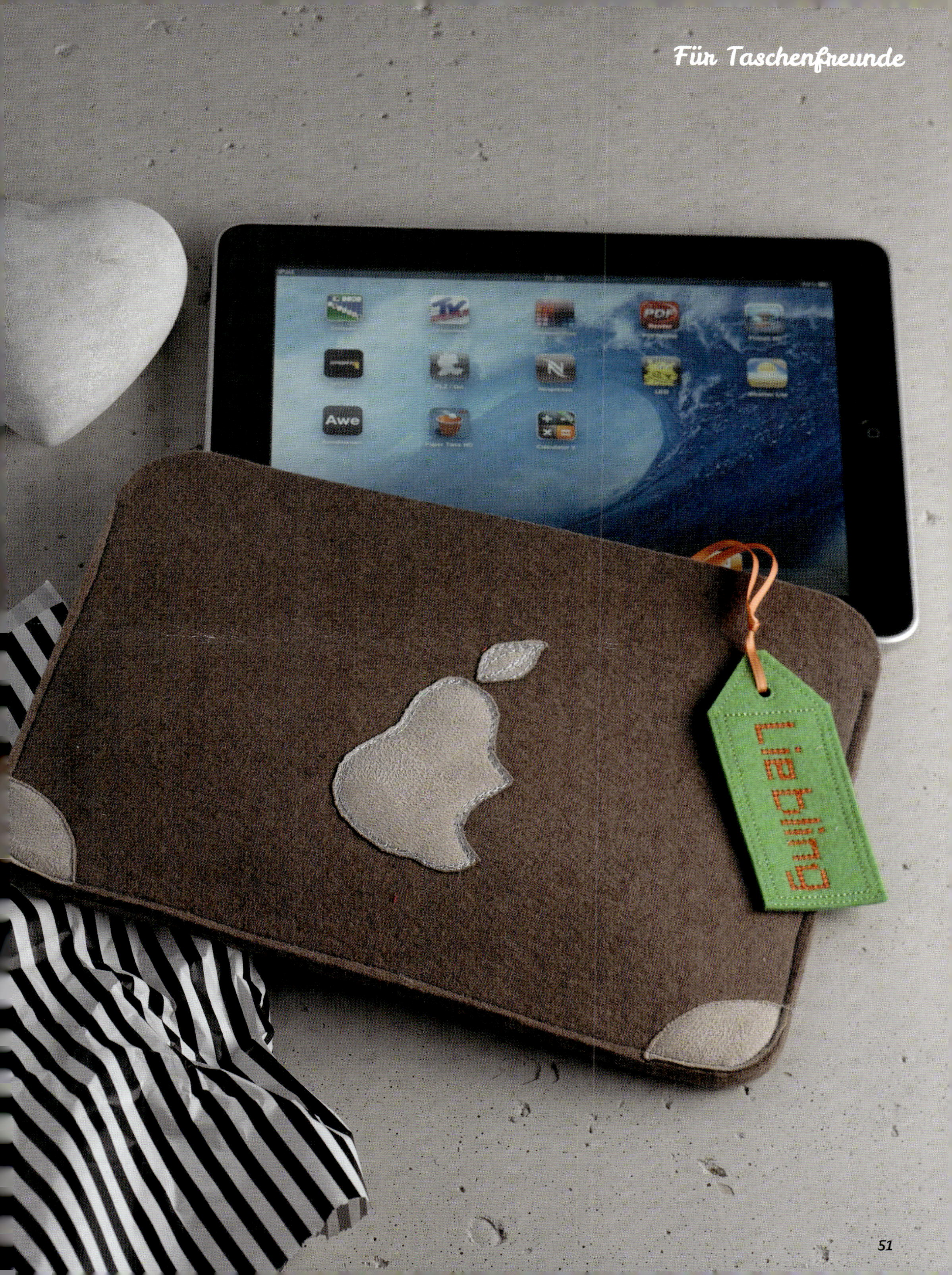
Liebling

Kräuter-Täschchen

~ Frisches Grün zum Aufhängen ~

Größe
12 cm x 13 cm x 13 cm

Material
✳ Oberstoff und Futterstoff: Wachstuch in Rosa mit Blumen,
   20 cm x 120 cm
✳ Vlieseline, 20 cm x 60 cm
✳ 3 Ösen, ø 4 mm
✳ Webband in Petrol, 40 cm lang
✳ Bänder zum Aufhängen in Rosa, 3 mm breit, 60 cm lang

Zuschnitt
✳ Oberstoff und Futterstoff:
   2x Schnittteil „Tasche"
   2x Schnittteil „Boden"
✳ Vlieseline:
   1x Schnittteil „Tasche"
   1x Schnittteil „Boden"

Schnittmusterbogen A

Anleitung

1 Die Schnittteile zuschneiden und die Teile der Außentasche auf der linken Seite mit Vlieseline verstärken. Das petrolfarbene Webband aufnähen.

2 Für die Außentasche das Schnittteil „Tasche" am Stoffbruch rechts auf rechts legen und die gerade Seite schließen. Den Boden rechts auf rechts an der Tasche mit Klammern befestigen. Sie eignen sich für Wachstuch besser als Stecknadeln, da sie das Material nicht zerstechen. Anschließend zusammennähen, dabei die Nahtzugabe von 1 cm beachten.
Die Innentasche wird ebenso gearbeitet, hier muss jedoch an der geraden Seite eine Wendeöffnung von 7 cm gelassen werden.

3 Beide Taschen rechts auf rechts ineinander stecken und die Oberkante rundherum zusammennähen. Die Nahtzugabe vorsichtig einkürzen und die Taschen durch die Wendeöffnung wenden. Ein Baumwolltuch über die Tasche legen und die Oberkante bügeln. Das Wachstuch nicht direkt mit dem Bügeleisen berühren! Die Oberkante knappkantig absteppen, anschließend die Wendeöffnung schließen.

4 Drei Ösen nach Herstelleranleitung gleichmäßig an der Oberkante anbringen und jeweils ein rosa Band einfädeln. Die losen sechs Enden werden oben verknotet und können nun aufgehängt werden.

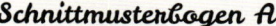

Alles im Griff

~ Täschchen für jede Gelegenheit ~

Schwierigkeitsgrad: ❖❖❖

Größe
20 cm x 15 cm

Material
✳ Oberstoff 1: Baumwollstoff in Grün-Weiß mit Zackenmuster, 20 cm x 50 cm
✳ Oberstoff 2: Baumwollstoff in Grün-pink mit Blumen, 42 cm x 25 cm
✳ Oberstoff 3 und Futter: Baumwollstoff in Grün, 30 cm x 50 cm
✳ Volumenvlies H 630, 20 cm x 50 cm
✳ Vlies H 180, 30 cm x 40 cm
✳ Schrägband in Grün, vorgefalzt, 22 cm lang
✳ Reißverschluss in Pink, 22 cm lang

Schnittmusterbogen A

Anleitung

1 Alle Teile zuschneiden. Das Volumenvlies H 630 auf die linken Seiten der Vorder- und Rückteile bügeln. Das Vlies H 180 auf die linken Seiten der Fächerteile bügeln.

2 Anschließend Fächerteil 1 mittig zusammenklappen und bügeln. Das Fächerteil auf das Rückteil des Organizers legen und mittig aufsteppen.

3 Den Reißverschluss mit der Raupe nach unten auf die rechte Seite des Fächerteils 2 legen und entlang der oberen Kante mithilfe eines Reißverschlussfüßchens aufnähen. Den Reißverschluss hochklappen und entlang der Stoffkante schmalkantig absteppen. Das Fächerteil wie im Schnitt eingezeichnet auf das Vorderteil legen und feststecken.

4 Das Schrägband auf die Reißverschlusskante legen und an beiden langen Kanten festnähen. Dann Vorder- und Rückteil rechts auf rechts aufeinanderlegen und die Seiten- und Bodennaht nahtbreit zusammennähen.

5 Die noch offenen Ecken aufeinanderlegen und zunähen. Danach den Organizer auf rechts wenden.

6 Die Futterteile genauso nähen, dabei an der unteren Kante eine Wendeöffnung von ca. 8 cm lassen.

7 Die Nahtzugabe des Tragegriff-Streifens an den langen Kanten 1 cm breit nach links bügeln. Den Streifen längs mittig falten, bügeln und an der offenen Kante schmalkantig zusammennähen. Den Griff zur Schlaufe legen und an der oberen Kante einer Naht des Organizers mit großen Stichen annähen.

8 Das Futter über die Außentasche ziehen, sodass die rechten Seiten innen aufeinanderliegen. An der oberen Kante rundum zusammennähen. Den Organizer durch die Wendeöffnung wenden und die Öffnung unsichtbar von Hand schließen. Die obere Kante schmalkantig absteppen.

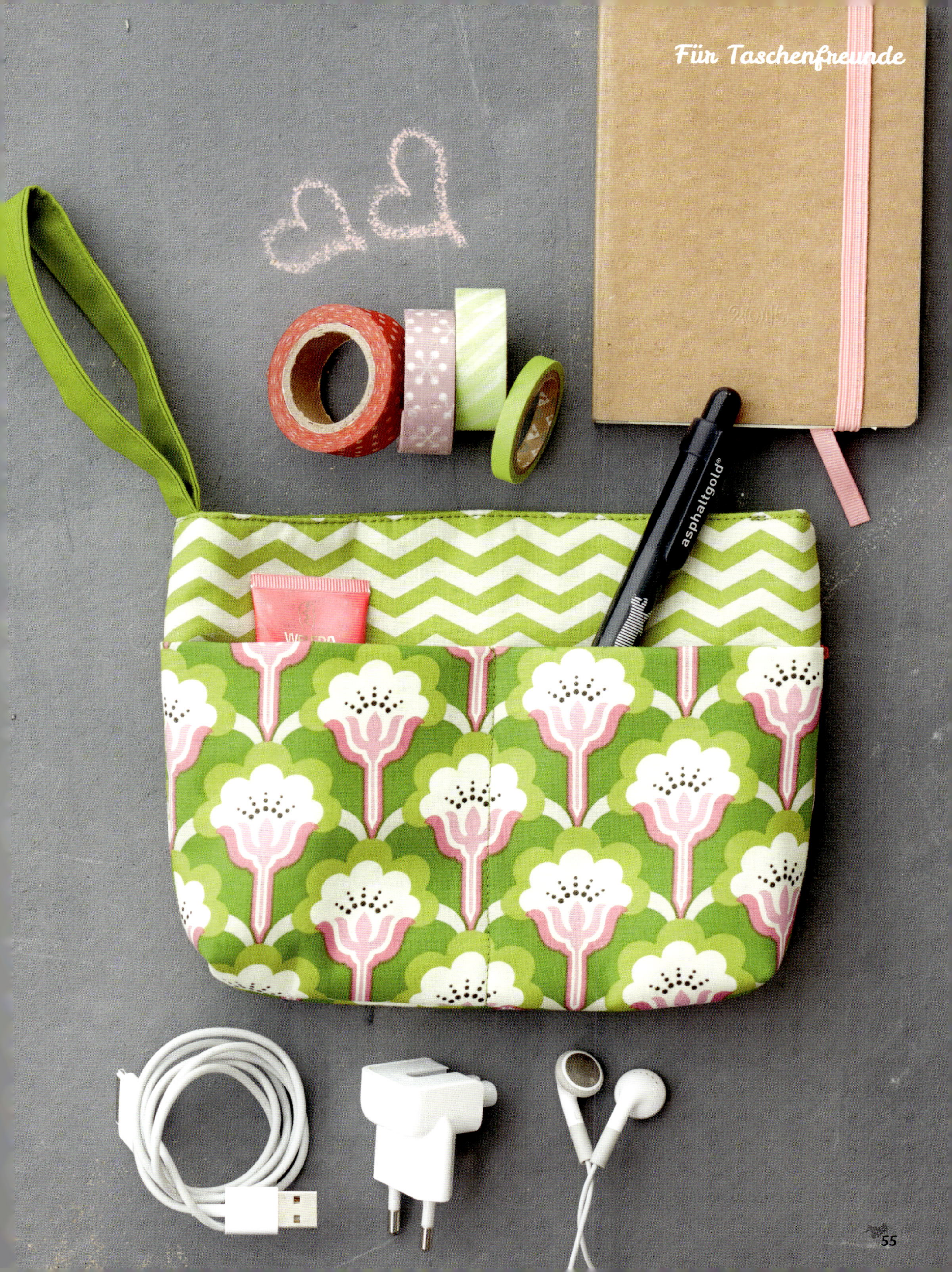
asphaltgold®

Anmutige Viola

~ Shoppinglück für Farbenfreude ~

Schwierigkeitsgrad: ◇ ◇ ◇

Anleitung

1 Die Zuschnitte aus Vlieseinlage und Volumenvlies auf die Rückseiten der entsprechenden Teile aus Oberstoff 1 bügeln. Eine verdeckte Tasche mit Reißverschluss nach der Anleitung von Seite 120 in ein Schnittteil „Tasche" aus Oberstoff 1 nähen. Das Stoffstück aus Oberstoff 2 in der Mitte falten und links auf links zusammenlegen, sodass die rechte Seite außen liegt. Dann laut Abbildung auf das Taschenteil mit dem Reißverschluss nähen und 3 kleine Taschen absteppen.

2 Die Seitenteile aus Oberstoff mit den langen Seiten rechts auf rechts auf das Vorderteil mit den Taschen legen und annähen. Dabei nicht bis zum unteren Rand nähen, sondern die Naht 1 cm vorher beenden.

3 Nun die Seitenteile unten 1 cm nach oben klappen und fixieren. Dann den Boden aus Oberstoff mit der langen Seite rechts auf rechts an das Vorderteil legen und die untere Naht schließen. Dabei ebenfalls an beiden Seiten je 1 cm frei lassen. Jetzt jeweils die kurzen Seiten der Seitenteile und die kurzen Seiten des Bodens rechts auf rechts zusammenlegen und zusammennähen. Jeweils drei Nähte treffen nun aufeinander. Dann das 2. Teil „Tasche" aus Oberstoff als Taschenrückseite rechts auf rechts an die Seitenteile und den Boden stecken und festnähen. Die Tasche aus Oberstoff auf rechts drehen.

4 Aus dem Futterstoff wie in Schritt 2 und 3 beschrieben ebenfalls eine Tasche nähen.

5 Die noch auf links liegende Tasche aus Futterstoff über die Tasche aus Oberstoff stülpen, die Taschen liegen jetzt rechts auf rechts. Dann beide Taschen am oberen Rand zusammennähen, dabei eine kleine Wendeöffnung frei lassen. Die gesamte Tasche wenden, das Futter sorgfältig in die Außentasche schieben und den oberen Rand rundherum nochmals absteppen. Das Gurtband halbieren und die Enden je einer Hälfte am oberen Rand der Tasche festnähen. Der Abstand zwischen beiden Enden beträgt ca. 14 cm. Über die Enden des Gurtbandes einen Rest Leder nähen, um diese zu verstecken.

Größe
30 cm x 30 cm x 6 cm

Material
❋ Oberstoff 1: Baumwollstoff in Weiß-Hellblau-Rosa, 90 cm x 40 cm
❋ Oberstoff 2: Baumwollstoff in Rosa, ca. 40 cm x 40 cm
❋ Futterstoff: Baumwollstoff in Weiß-Hellgrün, ca. 90 cm x 40 cm
❋ Leder in Weiß, Rest
❋ Vlieseinlage, ca. 90 cm x 40 cm
❋ Volumenvlies, ca. 90 cm x 40 cm
❋ Reißverschluss, 14 cm
❋ Gurtband, 3 cm x 80 cm

Schnittmusterbogen B

Zuschnitt
❋ Oberstoff 1:
    2x Schnittteil „Tasche"
    3x Schnittteil „Boden/Seite"
❋ Oberstoff 2:
    1x Schnittteil „Tasche"
❋ Futterstoff:
    2x Schnittteil „Tasche"
    3x Schnittteil „Boden/Seite"
❋ Volumenvlies und Vlieseinlage:
    je 2x Schnittteil „Tasche"
    Je 3x Schnittteil „Boden/Seite"
❋ Leder:
    4x Schnittteil „Leder"

Nahtzugabe
Alle Stoffteile mit 1 cm Nahtzugabe zuschneiden. Vlieseinlage und Leder ohne Zugaben ausschneiden.

Geblümte Bella

~ Weekender mit dem besonderen Flair ~

Anleitung

1 Die Zuschnitte aus Vlieseinlage und Volumenvlies auf die Rückseiten der entsprechenden Teile aus Oberstoff bügeln. Dann den Reißverschluss an die langen, geraden Seiten der Schnittteile „Oberseite" nähen. Dazu die Kanten 1,5 cm nach innen schlagen und den Reißverschluss einnähen. Die beiden eingeschlagenen Stoffkanten treffen dabei nicht aufeinander, sondern lassen eine Lücke von 1 cm, die den Reißverschluss zeigt.

2 Nun das Oberseiten-Reißverschluss-Teil mit den beiden kurzen Seiten rechts auf rechts an die beiden kurzen Seiten des Bodens aus Oberstoff legen und die Teile zusammennähen.

3 Je zwei kleine Stoffstreifen für die Aufhängung rechts auf rechts legen und an den langen Seiten zusammennähen. Die Streifen auf rechts wenden und zur Hälfte durch die D-Ringe ziehen.
Für die Verstärkung der Seitennähte je 2 der Stoffstreifen für die Verstärkung rechts auf rechts legen und die langen Seiten schließen. Die Streifen auf rechts wenden und jeweils seitlich am Bodenteil unterhalb des Reißverschlusses feststecken. Die Aufhänger mit den offenen Seiten darunter schieben und mit festnähen.

4 Je zwei Stoffstreifen für die 4 unteren Träger rechts auf rechts legen und die langen Seiten schließen. Die Träger auf rechts drehen und gemäß der Markierungen im Schnitt auf die Seiten der Tasche nähen. Ein Ende der Träger durch eine Schnalle ziehen, den Stoff nach hinten knicken und festnähen. Mit allen 4 unteren Trägerteilen so verfahren.

5 Das aus Oberseite und Boden zusammengenähte Teil rundherum rechts auf rechts auf die Seitenteile aus Oberstoff legen und zusammennähen. Dabei liegen die Markierungen an den Seitenteilen und die Naht zwischen Oberseite und Boden direkt übereinander. Die Tasche durch den Reißverschluss auf rechts wenden.

6 Mit den Oberteilen, dem Bodenteil und den Seitenteilen aus Futterstoff ebenso eine Tasche anfertigen, anstelle des Reißverschlusses bleibt eine entsprechende Lücke. Das Decovil I auf die linke Seite des Futterstoffes auf den Boden bügeln. Dann die auf links liegende Tasche aus Futterstoff sorgfältig in die Außentasche einlegen und das Futter von Hand am Reißverschluss annähen. Die Bodennägel am Boden befestigen und damit Oberstoff, Futterstoff und Decovil I nochmals verbinden.

7 Je zwei Stoffstreifen für die beiden oberen Träger rechts auf rechts legen und die langen Seiten schließen. Die Träger auf rechts drehen und die Ränder nochmals absteppen. Dann durch den oberen Teil von je 2 Schnallen ziehen, nach hinten knicken und festnähen.

Größe
56 cm x 34 cm x 20 cm

Material
✳ Oberstoff 1: Baumwollstoff in Grün mit Blumen, 140 cm x 100 cm
✳ Oberstoff 2: Baumwollstoff in Rosa mit Streifen, 110 cm x 100 cm
✳ Futterstoff: Baumwollstoff in Rosa, 140 cm x 100 cm
✳ Reißverschluss grob in Weiß, 66 cm
✳ Vlieseinlage, 140 cm x 100 cm
✳ Volumenvlies, 140 cm x 100 cm
✳ Decovil I, 60 cm x 25 cm
✳ 2 D-Ringe, 3 cm breit
✳ 4 Schnallen mit Mittelstift, 4 cm breit
✳ 4 Bodennägel

Schnittmusterbogen B

Zuschnitt
✳ Oberstoff 1:
  1x Schnittteil „Boden"
  2x Schnittteil „Oberseite"
  2x Schnittteil „Seite"
✳ Oberstoff 2:
  8x Träger unten, 4 cm x 30 cm
  4x Träger oben, 4 cm x 80 cm
  4x Verstärkung Seitennähte, 4 cm x 20 cm
  4x Stoffstreifen für Aufhängung D-Ring, 3 cm x 8 cm
✳ Futterstoff:
  1x Schnittteil „Boden"
  2x Schnittteil „Oberseite"
  2x Schnittteil „Seite"
✳ Vlieseinlage und Volumenvlies:
  je 1x Schnittteil „Boden"
  2x Schnittteil „Oberseite"
  2x Schnittteil „Seite"
  2x Träger oben, 4 cm x 80 cm
✳ Decovil I:
  1x Bodenverstärkung, 55 cm x 23 cm

Nahtzugabe
Alle Stoffteile mit 1 cm Nahtzugabe zuschneiden. Vlieseinlage ohne Zugaben ausschneiden.

Adrette Venedig

~ *Schön zum Bummeln* ~

Anleitung

1 Bei der Papageientasche die Vlieseinlage auf die Rückseite des Oberstoffes bügeln, das Leder wird nicht verstärkt. Die beiden Schnittteile „Tasche" rechts auf rechts legen und Seiten- und Bodennaht schließen.

2 Das Paspelband an den Rand der Taschenklappe aus Oberstoff legen, die offenen Ränder liegen dabei am Bogenrand. Das Paspelband ggf. mit einfachen Heftstichen fixieren. Dann die beiden Zuschnitte der Taschenklappe rechts auf rechts legen und den Rand mit einem Reißverschluss-Nähfuß festnähen. Dieser ermöglicht das Nähen direkt an der Wulst des Paspelbandes. Danach die Lasche auf rechts wenden und den Rand nochmals absteppen.

3 Aus dem Futterstoff, wie in Schritt 1 beschrieben, eine Tasche nähen, dabei eine Öffnung zum Wenden der Tasche lassen. Die Tasche auf rechts wenden und in die Tasche aus Oberstoff schieben. Die rechten Stoffseiten von Oberstoff und Futterstoff liegen nun rechts auf rechts aufeinander. Die Taschenklappe auf einer Seite zwischen Ober- und Futterstoff schieben und zentriert am oberen Rand platzieren. Dann den oberen Rand rundum mit einer Naht schließen und die Tasche durch die Öffnung im Futter wenden. Den oberen Rand nochmals absteppen.

4 Für die kleinen Schlaufen die Stoffstreifen rechts auf rechts legen und die langen Seiten verschließen. Die Stoffschläuche auf rechts wenden und flachbügeln. Mit den Stoffstreifen die D-Ringe auffädeln und in der Mitte knicken. Bei der Ledertasche entfällt das Nähen der Lederstreifen, sie werden nur auf die D-Ringe aufgefädelt und in der Mitte geknickt. Die Tasche wieder wenden, der Futterstoff liegt nun außen und der Oberstoff in der Tasche. An den beiden oberen Ecken jeweils die Seitennaht und die Naht am oberen Rand (sie stoßen direkt aneinander) aufeinanderlegen. Die Schlaufe mit dem D-Ring wie auf der Zeichnung dargestellt dazwischenschieben und mit einer Steppnaht schließen. Dann die Tasche auf rechts wenden.

5 An den unteren Ecken die Seitennähte auf die Bodennähte legen und die Ecke gemäß der Linie im Schnittmuster abnähen. Dabei wird nicht nur der Oberstoff, sondern auch das Futter mit festgenäht. Die abgenähte Ecke nach oben knicken und mit einer Niete an der Seite der Tasche befestigen.

6 Zwei Druckknöpfe an den Markierungen auf der Tasche und der Klappe anbringen (Oberteil auf Klappe, Unterteil auf Tasche). Die Kordeln nach der Anleitung auf Seite 123 mit Endstücken für Kordeln versehen. Die Länge des Trägers bestimmen Sie. Den Träger dann mit den Karabinerhaken an den D-Ringen der Tasche befestigen.

Größe
28 cm x 21 cm x 9 cm

Material
Ledertasche
✳ Oberstoff: Leder in Türkis, 50 cm x 50 cm
✳ Futterstoff: Baumwollstoff in Dunkelblau, 50 cm x 50 cm
✳ Baumwollkordel, ø 1,2 cm, 55 cm lang
✳ Paspelband in Blau, 60 cm lang
✳ 2 D-Ringe, 1 cm breit
✳ 2 Karabinerhaken mit Befestigungsringen, 1 cm
✳ 2 Druckknöpfe in Dunkelblau, ø 1,2 cm
✳ 2 Nieten in Silber, ø 8 mm

Lila Tasche
✳ Oberstoff: Baumwollstoff in Lila mit Papageien, 50 cm x 50 cm
✳ Futterstoff: Baumwollstoff in Rosa, 50 cm x 50 cm
✳ Vlieseinlage: Vlieseline H 250, 50 cm x 50 cm
✳ Lederrest in Braun
✳ Baumwollkordel, ø 1,2 cm, 55 cm lang
✳ Paspelband in Weiß, 60 cm lang
✳ 2 D-Ringe, 2 cm breit
✳ 2 Karabinerhaken mit Befestigungsringen, 1 cm
✳ 2 Druckknöpfe in Weiß, ø 1,2 cm
✳ 2 Nieten in Silber, ø 8 mm

Schnittmusterbogen B

Zuschnitt
✳ Oberstoff:
2x Schnittteil „Tasche" im Stoffbruch
1x Schnittteil „Klappe"
2x Schnittteil „Kordelenden" (bei lila Tasche aus Lederrest in Braun, siehe Seite 124)
4x Stoffstreifen für Schlaufen, 2 cm x 5 cm (nur lila Tasche)
2x Lederstreifen für Schlaufen, 2 cm x 5 cm (nur Ledertasche)
✳ Futterstoff:
2x Schnittteil „Tasche" im Stoffbruch
1x Schnittteil „Klappe"
✳ Vlieseinlage:
2x Schnittteil „Tasche" im Stoffbruch (nur lila Tasche)

Nahtzugabe
Alle Schnittteile mit 1 cm Nahtzugabe zuschneiden.

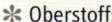

Maja ganz lila

~ Richtig schick in der Lieblingsfarbe ~

Schwierigkeitsgrad: ❖ ❖ ❖

Anleitung

1 Den oberen Rand des Taschenteils aus Oberstoff durch einen 2,5 cm breiten Streifen aus Futterstoff ersetzen. Dann die Zuschnitte aus Vlieseinlage auf die Rückseiten der entsprechenden Teile aus Oberstoff bügeln. Die Schlüsseltasche nach der Anleitung von Seite 121 anbringen. Für den Reißverschluss den Oberstoff an beiden Oberkanten 1,5 cm nach innen knicken und den Reißverschluss einnähen. Die beiden eingeknickten Stoffkanten treffen dabei nicht aufeinander, sondern lassen eine Lücke von 1 cm, die den Reißverschluss zeigt.

2 Das Taschenteil und ein Seitenteil rechts auf rechts aneinanderlegen und festnähen. Dabei liegen die kleinen Markierungen übereinander. An den Bögen die Nahtzugabe des Taschenteils einige mm einschneiden, so lässt es sich leichter um die Kurve legen. Mit dem zweiten Seitenteil ebenso verfahren.

3 Mit den Teilen aus Futterstoff wie in Schritt 2 beschrieben verfahren, dann die Futtertasche auf rechts wenden und die noch auf links liegende Außentasche darüber stülpen, die Taschen liegen jetzt rechts auf rechts. Bei der Futtertasche an der Oberseite die Nahtzugabe nach innen schlagen und das Futter am Reißverschluss von Hand annähen. Dann die gesamte Tasche durch den Reißverschluss auf rechts wenden.

4 Je 2 Trägerhalter rechts auf rechts legen, die beiden Seiten und den unteren Bogen schließen. Dann auf rechts drehen.

5 Den Trägerhalter durch die Metallschnalle ziehen und den oberen Rand nach hinten knicken. Dann den Halter auf die Seite der Tasche nähen und dabei den umgeknickten Teil mit fixieren.

6 Für die Träger die Vlieseinlagen auf die linke Seite des Futterstoffes bügeln. Die Träger aus Oberstoff in der Mitte zusammennähen, sodass das Muster zur Mitte zeigt. Dann die Träger aus Ober- und Futterstoff rechts auf rechts legen und bis auf eine Wendeöffnung zusammennähen. Nun auf rechts wenden und nochmals die Ränder absteppen. Durch den etwas breiteren Träger aus Futterstoff ergibt sich nach dem Wenden ein interessanter Paspeleffekt. Die Träger auf beiden Seiten durch die Metallschnalle ziehen, die Enden nach innen umklappen und festnähen.

Größe
30 cm x 16 cm x 10 cm

Material
* Oberstoff: Baumwollstoff in Lila mit Libellen, 50 cm x 70 cm
* Futterstoff: Baumwollstoff in Lila mit Punkten und Strichen, 75 cm x 70 cm
* Vlieseinlage, 50 cm x 70 cm
* Reißverschluss, 35 cm
* 2 Metallschnallen ohne Mittelstift, 3 cm breit
* Schnalle

Schnittmusterbogen B

Zuschnitt
* Oberstoff:
  1x Schnittteil „Tasche"
  2x Schnittteil „Seite"
  2x Träger, 2,6 cm x 60 cm
* Futterstoff:
  1x Schnittteil „Tasche
  2x Schnittteil „Seite"
  1x Schnittteil „Schlüsseltasche"
  4x Schnittteil „Trägerhalter"
  2x Träger 3,4 cm x 60 cm
* Vlieseinlage:
  1x Schnittteil „Tasche"
  2x Schnittteil „Seite"
  1x Träger 3 cm x 60 cm

Nahtzugabe
Alle Stoffteile mit 1 cm Nahtzugabe zuschneiden.
Vlieseinlage ohne Zugaben ausschneiden.
Bei Verwendung eines Stoffes mit Musterrichtung die Schnittteile für Tasche und Träger nicht im Stoffbruch zuschneiden, sondern die Hälften einzeln mit Nahtzugabe zuschneiden und an der gestrichelten Linie zusammennähen.

Unkomplizierte Savannah

~ Lässig in die City ~

Schwierigkeitsgrad: ❖ ❖ ❖

Anleitung

1 Die Rückseite des Stoffes mit Vlieseline verstärken. Das Leder auf den Taschenteilen zuerst mit Kontaktkleber fixieren, dann entlang der Oberkante knappkantig feststeppen. Die Bodenteile aus Oberstoff und Leder mit Kontaktkleber links auf links aufeinander kleben. Durch die doppelte Lage erhält der Boden zusätzliche Stabilität.

2 Die Taschenteile aus Oberstoff rechts auf rechts legen und die Seiten bis zum oberen Rand des Leders zusammennähen. Die Nähte ausklopfen bzw. pressen, da sie sonst sehr dick sind.

3 Die Taschenteile rechts auf rechts auf das Bodenteil legen und mit Stecknadeln jeweils an den Markierungen auf dem Boden fixieren. Dann die Bereiche dazwischen mit Stecknadeln fixieren. Achten Sie darauf, dass die Stecknadeln nur am Rand durch das Leder gestochen werden, so vermeiden Sie unschöne Löcher im Leder. Danach mit der Nähmaschine die Seitenteile an den Boden nähen.

4 Die Tasche auf links lassen und den Reißverschluss an einer Seite mit Stecknadeln an den oberen Bogen heften. Der Schieber liegt dabei auf der Seite des Stoffes, der äußere Rand des Reißverschlusses außen. Entlang der Rundung nähen und mit der anderen Seite ebenso verfahren. Dann die Tasche auf rechts wenden.

5 Den Futterstoff wie in den Schritten 2 bis 4 beschrieben anfertigen, jedoch nicht auf rechts wenden. Den oberen, noch offenen Rand 1 cm nach außen knicken. Die Tasche aus Futterstoff dann in die gewendete Tasche aus Oberstoff schieben. Das Futter von Hand an die Innenseite des Reißverschlusses nähen.

6 Bei den Stoffstücken für die Griffverstärkung die kurzen Seiten zweimal knapp zur linken Seiten umschlagen und mit der Nähmaschine festnähen. Dann der Länge nach in der Mitte falten – die rechten Seiten liegen nun innen – und den äußeren Rand nähen. Die Griffverstärkungen auf rechts drehen. Das Gurtband in zwei 60 cm lange Stücke teilen. Die Griffverstärkungen über das Gurtband stülpen und mit ein paar Stichen in der Mitte fixieren. Die Enden des Gurtbandes am oberen Rand der Tasche (siehe Markierung) festnähen. Über die Enden des Gurtbandes die Stücke „Befestigung Gurtband" aus Leder nähen, um diese zu verstecken.

7 Die Reißverschluss-Blume wie auf Seite 122 beschrieben anfertigen und von Hand annähen.

Größe
30 cm x 27 cm x 16 cm

Material
❋ Oberstoff: Jeansstoff in Blau mit Nadelstreifen, 110 cm x 50 cm
❋ Futterstoff: Baumwollstoff in Blau, 110 cm x 50 cm
❋ Vlieseinlagen: Vlieseline H 250 und H 630, je 100 cm x 50 cm
❋ Zweiwege-Reißverschluss in Dunkelblau, 70 cm lang
❋ Leder in Braun, 50 cm x 30 cm
❋ Gurtband aus Baumwolle, 3 cm breit, 120 cm lang
❋ Kontaktkleber

Schnittmusterbogen B

Zuschnitt
❋ Oberstoff:
   2x Schnittteil „Tasche" im Stoffbruch
   1x Schnittteil „Boden"
   2x Streifen für Griffverstärkung, 12 cm x 6 cm
❋ Futterstoff:
   2x Schnittteil „Tasche" im Stoffbruch
   1x Schnittteil „Boden"
❋ Vlieseinlagen:
   je 2x Schnittteil „Tasche" im Stoffbruch
❋ Leder:
   2x Schnittteil „Boden"
   2x Schnittteil „Leder" im Stoffbruch
   4x Schnittteil „Befestigung Gurtband"

Nahtzugabe
Alle Stoffe mit 1 cm Nahtzugabe zuschneiden. Vlieseinlagen ohne Zugaben ausschneiden. An Stoffteilen, die nur auf einen anderen Stoff aufgenäht werden, wird die Nahtzugabe abgeschnitten. So zum Beispiel bei der oberen Kante des Leders oder den Befestigungen für die Griffe.

Für Zuhause

Die eigenen vier Wände im Nu verschönern können Sie mit den Nähideen, die nun folgen. Ein Windlicht, das mit einem Stoffherz aufgepeppt wird, bekommt gleich eine ganz andere Optik. Kissenbezüge, die den Fernsehabend noch gemütlicher machen, sind ein echter Gewinn fürs Sofa. Und die bunten Fahnen für Garten und Strand machen im Sommer und Winter richtig gute Laune.

Auf geht es an die Nähmaschine!

Bunte Strandfahnen

~ winken im Wind ~

Anleitung

1 Die zwei Stoffdreiecke und die Vlieseinlage gemäß der Skizze zuschneiden. Stoffe rundherum mit Zickzackstich versäubern. Vlieseinlage auf die linken Stoffseiten aufbügeln.

2 Fahnenteile rechts auf rechts legen, heften und zusammensteppen. Dabei bei der kurzen Kante beginnend rundherum steppen, sodass eine Wendeöffnung von 10 cm vor der unteren Ecke bleibt.

3 Nahtzugaben auseinanderbügeln, Ecken zurückschneiden und Fahne auf rechts wenden. Kanten sauber aufeinander bügeln.

4 Eingeklappte Nahtzugabe an der Wendeöffnung je 2 cm links und rechts der Seitennaht knappkantig absteppen.

5 Kanten und Tunnelzug für die Stäbe steppen.

Größe
30 cm x 40 cm

Material pro Fahne
✴ Baumwollstoff in Grün mit Sternen
✴ Baumwollstoff in Gelb mit Sternen
✴ Baumwollstoff in Rosa mit Tupfen
oder
✴ Baumwollstoff in Blau mit Waben, jeweils 65 cm x 45 cm
✴ Nähgarn, farblich passend
✴ feste Vlieseinlage
✴ Rundstab, ø 1 cm

Schnittmusterbogen A

Zuschnitt
✴ Dreieck aus Stoff: 2x Stoff A, B, C oder D (1 cm Nahtzugabe zugeben)
✴ Dreieck aus Vlieseinlage: 2x (ohne Nahtzugabe zuschneiden)

Nahtzugabe
Stoff mit 1 cm Nahtzugabe, Vlieseinlage ohne Nahtzugabe zuschneiden.

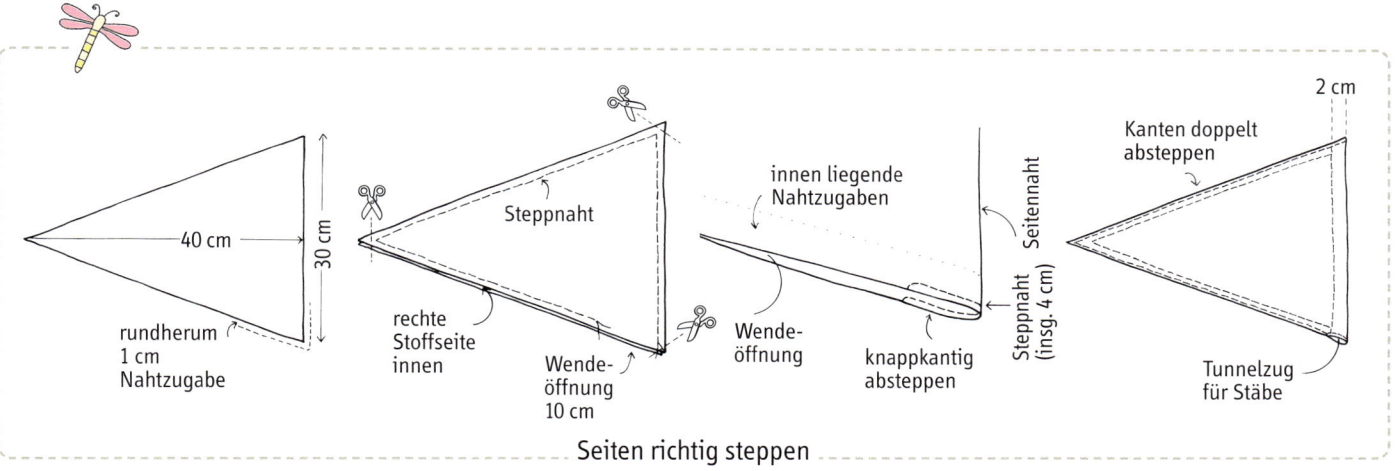

Hübsch mit Herz

~ Kuscheldeko für das Wohnzimmer ~

Material

✳ Metallkugel mit Teelichthalter, ca. ø 15 cm
✳ Karostoffrest in Rot-Weiß
✳ Stoffrest mit Rosenmuster in Rot-Weiß
✳ Füllwatte
✳ Knopf in Weiß, 2 cm
✳ Herzknopf in Rot, 1 cm
✳ Draht in Weiß, ca. 20 cm
✳ Webband mit Rosen, 2 cm breit, ca. 35 cm
✳ Metallherzen in Rot und Rosa, 1 cm
✳ Perlonfaden

Vorlage

Seite 127

Anleitung

1 Schneiden Sie die Teile für das Herz gemäß Vorlage zu. Beachten Sie dabei, dass die Teile gegengleich zugeschnitten werden müssen.

2 Je zwei Teile aus unterschiedlichen Stoffen rechts auf rechts an der Mittelnaht zusammennähen. Dann die beiden Herzen rechts auf rechts bis auf die Wendeöffnung zusammensteppen. Die Nahtzugabe kürzen und das Herz wenden. Mit Füllwatte ausstopfen und die Öffnung mit Matratzenstich schließen.

3 Die beiden Knöpfe mit dem Draht zusammenfädeln, den Draht zu Spiralen drehen und auf dem Stoffherz mit Heißkleber fixieren.

4 Das Webband an der Aufhängung zu einer Schleife binden. Die Metallherzen mit Heißkleber fixieren, das Stoffherz mithilfe des Perlonfadens unter der Kugel befestigen. So bleiben Sie flexibel: Falls Sie keine weiße Metallkugel bekommen sollten, können Sie eine andersfarbige mit weißem Sprühlack besprühen.

BITTE BEACHTEN SIE: Lassen Sie Kerzen nie unbeaufsichtigt brennen.

Hübsch umhüllt

~ Ideale Geschenkverpackung für den edlen Tropfen ~

Material

* ✳ Baumwollstoff mit Rot-Weiß gemustert, 35 cm
* ✳ Karostoffrest in Rot-Weiß
* ✳ Herzbordüre in Rot-Weiß kariert, 2,5 cm breit
* ✳ Schleifenband in Rot-Weiß gestreift, 1 cm breit
* ✳ Zackenlitze in Rot, 3 mm breit
* ✳ Kordel in Rot-Weiß
* ✳ Satinrose in Rot
* ✳ Papieranhänger
* ✳ Vliesofixrest
* ✳ Textilkleber

Vorlage
Seite 124

Anleitung

1 Den Baumwollstoff auf eine Größe von 64 cm x 32 cm zuschneiden, der Länge nach rechts auf rechts auf die Hälfte legen und mit 1 cm Nahtzugabe zusammennähen.
Die Naht ausbügeln und die obere Kante nach Innen umschlagen, sodass die Nähte links auf links aufeinanderliegen. Die Umbruchkante einbügeln, die offene Kante schließen, versäubern, die Ecken abnähen, beschneiden und versäubern. Dann die Hülle auf rechts drehen.

2 An der oberen Umbruchkante von rechts die Herzbordüre so aufsteppen, dass die Herzbögen überstehen. Auf der Vorderseite das Karoherz mit Vliesofix aufbügeln und mit Satinröschen und Zackenlitze verzieren. Für das Band ein Schleifenband auf eine Länge von 60 cm zuschneiden, doppelt legen und 9 cm von der oberen Umbruchkante im Nahtschatten feststeppen.

3 Den Papieranhänger beschriften und mit einem Herz der Herzbordüre dekorieren. Die Flasche in die Hülle stellen, mit dem Band verschließen und den Papieranhänger mit der Kordel daran befestigen.

Frisch erblüht

~ Sofakissen mit Sternblumen ~

Anleitung

Kissen

Die schmalen Seiten des grauen Baumwollstoffs säumen. Anschließend den Stoff links auf links falten, sodass ein Kissenbezug mit Hotelverschluss entsteht. Die schmalen Seiten von links vernähen.

Sternblumen

1 Die Stoffkreise in Beige jeweils zu einem Halbkreis falten.

2 Die Ecken A in die Mitte auf Punkt B falten und nacheinander mit großzügigen Heftstichen durch den runden Rand nähen.

3 Jeweils 7 Blütenblätter einer Größe auffädeln und zu einem Kreis verknoten. Mit den Stoffkreisen in Rosa-Grau ebenso verfahren.

4 Für die Sternblumen mit Heißkleber jeweils 1 kleineren rosa-grauen Blütenkreis auf 1 größeren beigefarbenen Blütenkreis aufkleben.

5 10 Knöpfe mit pinkfarbenen Stoff beziehen und jeweils 1 Knopf als Blütenmittelpunkt einkleben.

6 Die Sternblumen auf dem Kissenbezug arrangieren und auf den Bezug nähen.

Schwierigkeitsgrad:

Größe
Kissen ca. 60 cm x 40 cm
Blüten ca. ø 7,5 cm, ø 5,5 cm

Material
Kissen
❋ Baumwollstoff in Grau, 110 cm x 62 cm

Sternblumen-Kanzashi
❋ Baumwollstoff in Beige, Rest
❋ Baumwollstoff in Rosa-Grau, Rest
❋ Baumwollstoff in Pink, Rest
❋ Zwirn
❋ 2 Knöpfe, ø 1,5 cm
❋ 8 Knöpfe, ø 1,0 cm
❋ Heißkleber

Vorlage
Seite 125

Zuschnitt
❋ Baumwollstoff in Beige:
   2x 7 Kreise à ø 10,5 cm,
   5x 7 Kreise à ø 7,5 cm und
   3x 7 Kreise à ø 5,5 cm
❋ Baumwollstoff in Rosa-Grau:
   2x 7 Kreise à ø 7,5 cm,
   5x 7 Kreise à ø 4,5 cm und
   3x 7 Kreise à ø 3,5 cm

Gut getrocknet

~ Handtücher für mehr Pep in der Küche ~

Anleitung

1 Den Frotteestoff und den Rosen- bzw. Blümchenstoff je einmal zuschneiden. Achten Sie dabei darauf, dass die Webkante des Frotteestoffes eine kurze Kante des Handtuches bildet.

2 Den Blümchen- oder Rosenstoff jeweils an einer Längskante 1 cm nach links umbügeln.
Die gegenüberliegende Längskante rechts auf rechts auf eine Querkante des Frotteestoffes legen (nicht auf die Webkante) und 1 cm breit zusammennähen. Die Naht ausbügeln, zur rechten Seite umschlagen und knapp aufsteppen.

3 Die Längsseiten mit Schrägband in Rot oder Rosa einfassen. Bügeln Sie dazu das Band der Länge nach auf die Hälfte und schlagen Sie die Enden 1 cm breit ein. Die Nähfrei-Aufhänger einarbeiten und jeweils mit einem Dekoknopf bekleben.

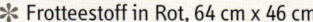

Material

- ✳ Frotteestoff in Rot, 64 cm x 46 cm
- ✳ Baumwollstoff in Rosa mit Rosenmuster, 46 cm x 13 cm
- ✳ Blümchenstoff in Rosa-Rot, 46 cm x 13 cm
- ✳ Schrägband in Rosa-Weiß und in Rot-Weiß gepunktet, je 2 cm breit
- ✳ 2 Nähfrei-Aufhänger
- ✳ Dekoknopf „Herz", 2 cm
- ✳ Dekoknopf „Rose", 1,5 cm
- ✳ Textilkleber

Tipp

Die aufgehübschten Handtücher sind ruck-zuck genäht und ein echtes Geschenktalent. Ob zur ersten eigenen Wohnung, zum Umzug oder einfach nur so – sie lassen sich perfekt einsetzen. Wenn Sie die Größen anpassen, lassen sich selbstverständlich auch größere Handtücher verwenden. Wie wäre es denn mal mit den Exemplaren aus dem Badezimmer?

Nett für den Nacken

~ Hülle für aufblasbares Hörnchen ~

Schwierigkeitsgrad: ❖ ❖ ❖

Anleitung

1 Die beiden Rückenteile an der geraden Kante versäubern und säumen. Beide Teile rechts auf links überlappend, Mitte auf Mitte aufeinanderlegen. Rückenteile und Vorderteil aufeinander stecken. Nähen, Ecken abschneiden, Rundungen einschneiden, wenden und bügeln.

2 Aufblasbares Kissen etwas aufblasen, einlegen und fertig aufblasen.

Größe
ca. 42 cm x 28 cm

Material
✳ Samt oder Flanellstoff, 2x 30 cm x 31 cm und 44 cm x 30 cm
✳ aufblasbares Nackenhörnchen

Schnittmusterbogen A

Zuschnitt
✳ 1x Schnittteil „Vorderteil" im Bruch
✳ 2x Schnittteil „Rückenteil"

Nahtzugabe
Alle Teile mit 0,5 cm Nahtzugabe zuschneiden. Säume mit 1,5 cm.

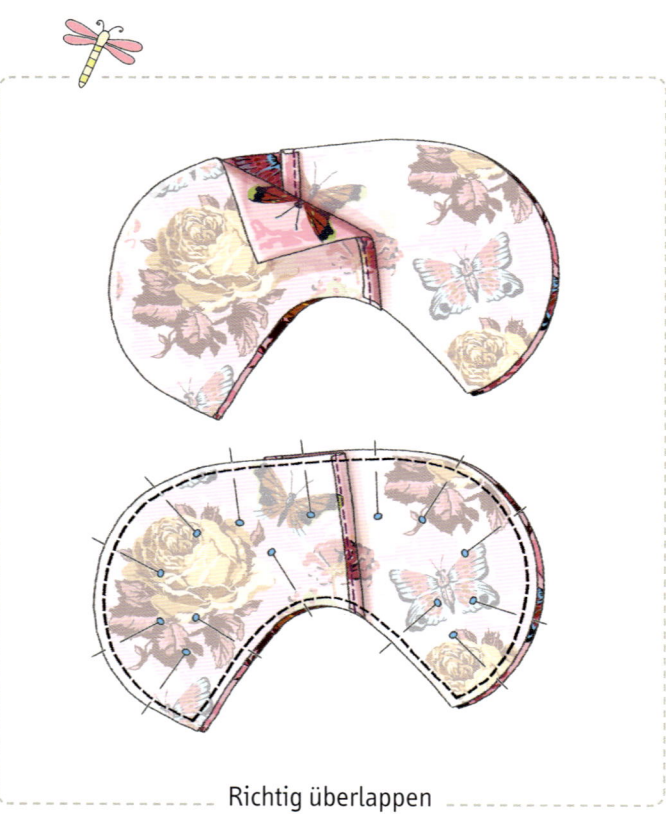

Richtig überlappen

Kissen mit Schlaufen

~ Gemütlicher Sitzplatz im Nu ~

Größe
50 cm x 50 cm

Material pro Kissen
❋ Stoff A Baumwollstoff in Blau mit Röschen, 55 cm x 52 cm
❋ Stoff B Baumwollstoff in Blau mit weißen Punkten,
   55 cm x 52 cm
❋ Stoff C Baumwollstoff in Pink mit Vichykaro, 3x 22 cm x 10 cm
❋ Nähgarn, farblich passend
❋ Klettband (Haken- und Flauschband), 9 cm

Nahtzugabe
Nahtzugaben 1 cm sind hier in den Maßen bereits enthalten.

Anleitung

1 Zunächst alle Schnittkanten mit Zickzackstich versäubern. Dann Stoff A und B rechts auf rechts legen, heften und an drei Seiten (obere Kante bleibt offen) zusammensteppen. Nahtzugaben von links auseinanderbügeln. Den oberen Rand 4 cm nach außen klappen, 1 cm einschlagen und knappkantig feststeppen. Bezug wenden.

2 Stoffstücke für die Schlaufen der Länge nach mittig links auf links falten und entlang der langen Kante zusammensteppen. Nahtzugaben auseinanderbügeln, Bänder auf rechts wenden und bügeln. Jeweils zur Schlaufe zusammenklappen und die untere Kante füßchenbreit zusammensteppen. Schlaufen in den Bezug einsteppen. Dafür zwei Schlaufen mit 5 cm Abstand zu den Seitennähten in die obere Kissenöffnung heften – die fertigen Schlaufen sind 8 cm hoch.

3 Schlaufen so feststeppen, dass im gleichen Schritt die obere Bezugkante bis zu den Schlaufen knappkantig geschlossen wird. Die mittlere Schlaufe zusammen mit dem Flauschband des Klettbandes auf den Einschlag der Rückseite heften und feststeppen. Das Hakenband auf dem Einschlag der Vorderseite feststeppen.

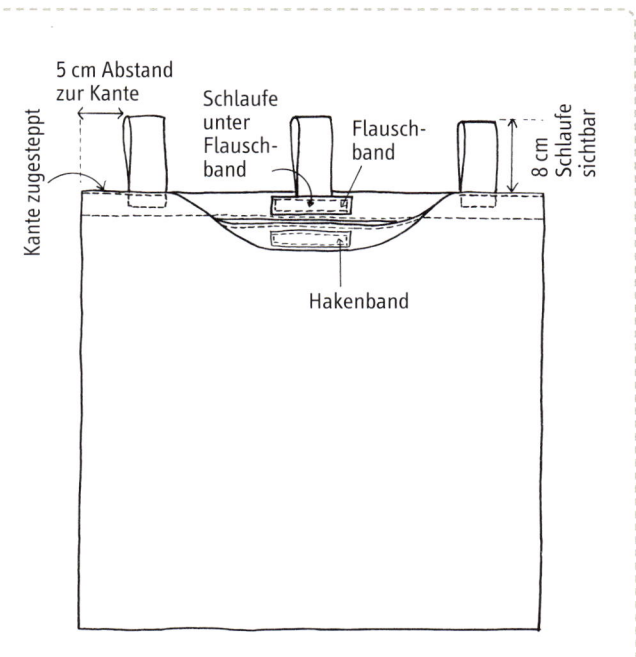

Schlaufen richtig platzieren

Nostalgisches Klammerkleidchen

~ Aufbewahren mit Pfiff ~

Größe
Höhe ca. 45 cm (inkl. Kleiderbügel)
Breite ca. 40 cm

Material
❋ Baumwollstoff in Pink mit Vichykaro, 35 cm x 85 cm
❋ Schrägband in Blau-Weiß mit Vichykaro, 65 cm
❋ Wäschespitze, 42 cm
❋ Applikationsstoff in Blau mit weißen Punkten, Rest
❋ Nähgarn, farblich passend
❋ Ziergarn in Rot
❋ kleiner Zierknopf
❋ Kinderkleiderbügel aus Holz

Vorlage
Seite 124

Schnittmusterbogen A

Zuschnitt
❋ Vorderteil Kleid: 1x Vichykaro
❋ Rückenteil Kleid: 1x Vichykaro

Nahtzugabe
An allen Nähten und Kanten 1 cm.

Anleitung

Alle Teile gemäß der Angaben zuschneiden und rundherum mit Zickzack-stich versäubern.

Applikation

Vliesofix auf Stoffstück aufbügeln, Herzmotiv aufzeichnen und ausschneiden. Papier von Vliesofix entfernen, Motiv auf Vorderteil Kleid positionieren (siehe Vorlage Seite 124) und aufbügeln. Motiv rundherum mit engem Zickzackstich applizieren. Schnörkel mit Markierstift auf den Stoff übertragen. Bei dickem Ziergarn stärkere Nähnadel (90-100) wählen und das Ziergarn als Oberfaden einwechseln. Sticheinstellung auf Stoffrest überprüfen, Stichlänge ca. 3,5. Eventuell Oberfadenspannung etwas lockern. Schnörkel zweifach „lässig" versetzt mit dem Ziergarn nachsteppen.

Kleidchen

1 Die kurzen Kanten der Wäschespitze doppelt einschlagen und heften, sodass das Band eine fertige Länge von 40 cm hat. Entweder von Hand oder mit der Maschine knappkantig feststeppen.

2 Wäscheband rechts auf rechts an die untere Kante des Vorderteils heften, knappkantig daran feststeppen. Vorderteil rechts auf rechts auf Rückenteil heften. Dabei darauf achten, dass die kurzen Kanten der Wäschespitze nicht in die Seitennähte „ragen", sie sollen nicht mit festgesteppt werden. Evtl. die Ecken der Wäschespitze vor dem Zusammenheften der Kleiderteile wegklappen und umbügeln oder mit Handstichen fixieren.

3 Alle Nähte steppen, Nahtzugaben auseinanderbügeln. Kleid auf rechts wenden, das Wäscheband glatt bügeln. Kanten sauber aufeinander bügeln. Untere Kleiderkante knappkantig absteppen.

4 Halsausschnitt mit Schrägband einfassen. Das Schrägband der Länge nach aufklappen und Kante an Kante rundherum auf die linke Stoffseite des Kleidchens heften. Dabei an einer Schulternaht beginnen und den Anfang des Bandes ca. 0,7cm nach innen einklappen. Dort wieder angekommen, das Schrägband ca. 0,7 cm überlappen lassen und abschneiden. Das Schrägband 1 mm rechts von der ersten Umbruchkante feststeppen. Den Streifen über die Kante auf die rechte Stoffseite klappen und die Umbruchkante nach innen einschlagen. Den Streifen so festheften, dass die erste Naht überdeckt ist. Das Schrägband nun knappkantig von rechts festnähen. Ansatzstelle von Hand vernähen oder knappkantig steppen.

5 Kleinen Zierknopf von Hand in die Mitte des Herzens nähen. Kleidchen auf Kleiderbügel hängen und mit Wäscheklammern befüllen.

Waffelpiqué-Säckchen

~ Edler Ordnungshüter im Bad ~

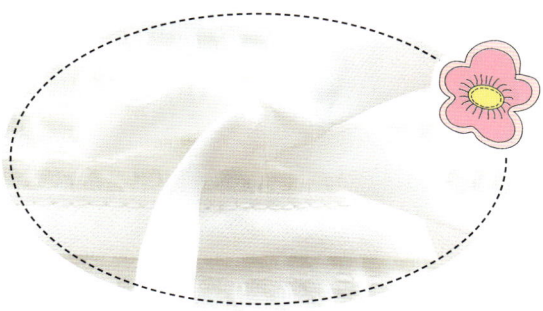

Schwierigkeitsgrad: ❖❖❖❖

Grösse
ca. 25 cm x 20 cm

Material
❋ Waffelpiqué in Weiß, 2x 20 cm x 20 cm und 2x 27 cm x 65 cm
❋ Vlieseline H 250, 2x ø 20 cm
❋ vorgefalztes Schrägband in Weiß, 100 cm

Anleitung

1 Dieses Säckchen besteht eigentlich aus zwei ineinander geschobenen Teilen, die an der oberen Kante mit Schrägband eingefasst werden.

2 Zunächst zwei Stoffkreise mit 20 cm Durchmesser zuschneiden und nach Herstellerangaben die Vlieseline aufbügeln.

3 Den Umfang der Kreise ausmessen und zwei Stoffstreifen von ca. 25 cm Höhe und der ermittelten Länge von ca. 63 cm zuschneiden.
Hierbei neben den 2 cm Nahtzugabe auch einige Zentimeter Mehrweite hinzugeben.

4 Dann jeweils den Stoffstreifen rechts auf rechts an den mit Vlieseline beklebten Boden des Säckchens stecken. Beim Nähen, am Anfang der Naht, die Nahtzugabe nicht feststeppen, sondern diese 1 cm offen lassen!

5 Die Seitennaht erst nach dem Feststeppen des Bodens schließen. Die eventuell angeschnittene Mehrweite auf 1 cm zurückschneiden und die Nahtzugabe auseinanderbügeln.

6 Die beiden fertigen Teile des Säckchens links auf links ineinanderschieben und an der oberen Kante mit Schrägband einfassen. Dazu das Band um die Stoffkanten legen, die breitere Seite des Schrägbandes liegt unten. Das Band knappkantig von oben feststeppen (siehe Zeichnung unten).

7 Aus Resten des Schrägbandes eine kleine Schleife binden und von Hand an das Säckchen nähen.

Tipp
Die Säckchen sehen auch in anderen Größen hübsch aus, z.B. mit einem Bodendurchmesser von 16 cm.

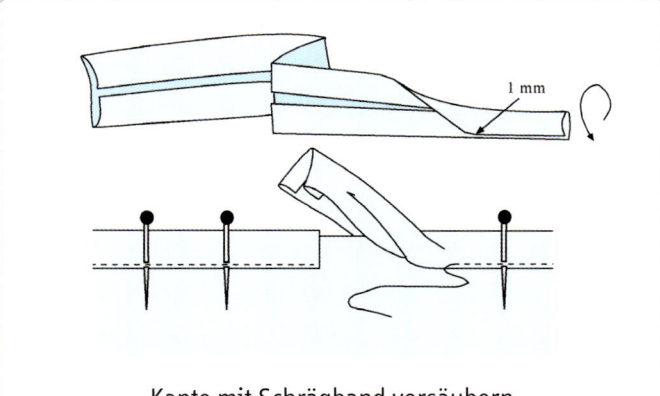

1 mm

Kante mit Schrägband versäubern.

Für Kids

Nähen ist ein Kinderspiel – und die Anleitungen auf den nächsten Seiten sind besonders für die Kleinen geeignet. Sei es das kleine Lätzchen, dass das Outfit vor den nächsten Karottenflecken rettet, das kuschelige Wärmekissen in Dino-Form oder das coole Tetraeder-Kissen, das beim nächsten Mädchen-Abend zum Lieblingsplatz erklärt wird. Kunterbunt sind sie genau die richtigen Begleiter für das Kinderzimmer.

Auf leisen Sohlen

~ Schleichen wie ein Indianer ~

Anleitung

1 Alle Teile aus Oberstoff und Futterstoff zuschneiden. Die Sohlen jeweils 1x in doppelter Stofflage zuschneiden, um zwei spiegelverkehrte Sohlen zu erhalten.

2 Jeweils 1 Teil „Vorderteil unten" aus Oberstoff und Futterstoff links auf links übereinanderlegen und rundherum mit Zickzackstich zusammennähen. Ebenso jeweils Ober- und Futterstoff der Teile „Vorderteil oben", „Seite" und „Sohle" links auf links zusammennähen.

3 Die lange Seite des Teils „Vorderteil oben" links auf links mit 5 mm Nahtzugabe und Zickzackstich an die obere schmale Rundung des Teils „Vorderteil unten" nähen, sodass an der rechten Stoffseite (= Oberstoff) eine sichtbare Naht entsteht. Die beiden langen Seitenkanten der Teile „Seite" links auf links mit 5 mm Nahtzugabe und Zickzackstich an beide Seiten des zusammengenähten Vorderteils steppen.

4 Je 1 Streifen Klettband (Haken & Flausch) an die offenen Fersenkanten der Seitenteile nähen, sodass nach unten 1 cm Platz bleibt. Dabei einen Klettstreifen an der Außenseite eines Seitenteils und den anderen Streifen an der Innenseite des Gegenstücks annähen. Klettverschluss an der Ferse des Schuhs schließen und das untere offene Ende (1 cm) mit Zickzackstich zusammennähen. Den Schuh auf links wenden.

5 Das Papierschnittteil unter die Sohle legen und bei Markierung D eine Stecknadel einstechen. Den fertigen Schuh quer mittig falten und an der vorderen Mitte ebenfalls eine Stecknadel setzen. Den Schuh mit dem Vorderteil rechts auf rechts auf die Sohle legen, sodass beide Nadeln genau übereinanderliegen. Ausgehend von der vorderen Mitte den Schuh an die Sohle steppen, dabei 3 cm vor der Ferse stoppen. Die zweite Rundung ebenso nähen. Die abschließende Fersenrundung in kleinen Abschnitten von der Ferse ausgehend nähen.

Tipp

Arbeiten Sie diese Schuhe auch aus anderen nicht fransenden Stoffen wie z. B. Wildleder(-imitat) oder 2 cm dickem Filz.

Größe
14/15, 16/17, 18/19

Material
* Oberstoff: Velourleder in Braun, 27 cm x 50 cm
* Futterstoff: Velourleder in Weiß, 27 cm x 50 cm
* Klettband, 1 cm breit, 15 cm
* farblich passendes Nähgarn

Zuschnitt
* Oberstoff:
  2x „Vorderteil unten"
  2x „Vorderteil oben"
  4x „Seite"
  2x „Sohle" (1x doppelt)
  2x „Fransen"
* Futterstoff:
  2x „Vorderteil unten"
  2x „Vorderteil oben"
  4x „Seite"
  2x „Sohle" (1x doppelt)
* Klettband:
  Größe 14/15: 2x 5,5 cm (1x Haken, 1x Flausch)
  Größe 16/17: 2x 6 cm (1x Haken, 1x Flausch)
  Größe 18/19: 2x 6,2 cm (1x Haken, 1x Flausch)

Schnittmusterbogen B

6 Nahtzugabe an der Sohle um 2 mm kürzen und ringsherum mit einem kurzen engen Zickzack- oder Overlockstich versäubern. Schuh wenden und die Rundungen schön ausformen.

7 Das Teil „Fransen" wie auf dem Papierschnitt eingezeichnet senkrecht einschneiden. Den Streifen mit den Fransen links auf rechts an die obere Kante des Schuhs legen und knappkantig aufsteppen. Den 2. Schuh genauso arbeiten.

Baby-Lätzchen

~ Fleckenfang für kleine Schleckermäulchen ~

Schwierigkeitsgrad: ❖ ❖ ❖

Größe
40 cm x 30 cm

Material
❋ Nicki (oder Frottee) in Türkis, 45 cm x 35 cm
❋ Baumwollstoff bunt, 45 cm x 35 cm
❋ Baumwoll-Schrägband in Orange, 1,90 m
❋ 2-3 Druckknöpfe aus Kunststoff

Schnittmusterbogen A

Zuschnitt
Den Nickistoff und den Baumwollstoff gemäß Schnittvorlage ohne Nahtzugabe zuschneiden. Den Halsausschnitt ausschneiden und die hintere, mittlere Naht aufschneiden.

Anleitung

1 Nach dem Zuschnitt den Baumwollstoff mit dem Nickistoff links auf links zusammenlegen, rundum feststecken und mit dem Geradstich schmalkantig zusammennähen. Der Halsausschnitt wird ebenfalls mit dem Baumwollstoff knappkantig zusammengenäht – dadurch lässt sich das Schrägband leichter auf die beiden Stofflagen aufnähen.

2 Das Schrägband mit der rechten Seite auf die linke Seite um den Halsausschnitt feststecken, dabei wird es geöffnet und im gebügelten Falz fixiert. Mit einem Geradstich 1 mm rechts des gebügelten Falzes das Schrägband aufnähen.

3 Danach nach rechts umschlagen, das Schrägband legt sich dabei schon fast von alleine um die Nahtzugabe, feststecken und erneut schmalkantig von der rechten Seite absteppen.

4 Jetzt die beiden Schmalkanten ebenfalls mit dem Schrägband einfassen, dabei an den beiden Enden zum Halsausschnitt das Band 1 cm nach innen einschlagen.

5 Anschließend rund um das Lätzchen das Schrägband annähen, auch hier von der linken Seite das Band erst festnähen, dann nach rechts umschlagen und absteppen.

6 Druckknöpfe an den hinteren Schmalkanten platzieren und von Hand annähen.

Tipp
Bei sehr elastischem Stoff ist es hilfreich, diesen mit einem unelastischen Baumwollstoff zu unterlegen. Anschließend wird es rundum mit einem schmalen Zickzack-Stich miteinander verbunden, dadurch gibt es einen besseren Halt und keinen Verzug.

Geniale Luftballonhülle

~ Neues Spielidee für junge Ballkünstler ~

Anleitung

1 Der komplette Ball wird von links genäht und erst ganz zum Schluss durch den Ballonschlitz auf rechts gewendet.

2 Alle Teile gemäß Schnittmuster zuschneiden. Schnittkanten mit Zickzackstich versäubern. Dann Seitenteil 1 und Seitenteil 2 rechts auf rechts legen, an einer langen Kante heften und zusammensteppen. Nahtzugaben von links auseinanderbügeln.

3 Nachfolgend alle Seitenteile der Reihe nach aneinandersteppen, die Nahtzugaben immer sorgfältig auseinanderbügeln. Zum Schluss mit der letzten Naht Teil 1 mit Teil 6 zur Ballform zusammensteppen.

4 Die geschlossene Kappe rechts auf rechts an die sechs kurzen Kanten heften und feststeppen. Dabei empfiehlt es sich, die Nähmaschinennadel immer im Eck im Stoff stecken zu lassen, den Nähmaschinenfuß zu heben und die Stoffstücke wieder in die richtige Position zu drehen. Hier ist Nahtkleber sehr hilfreich (z. B. Prym Aqua Fixierstift), der wasserlösliche Kleber hält „komplizierte" Kanten sauber zusammen und löst sich bei der ersten Wäsche einfach auf.

Größe
ø ca. 35 cm

Material
✳ Stoff A Baumwollstoff mit bunten Kreisen,
 Stoff B Baumwollstoff in Gelb mit Waben und
 Stoff C Baumwollstoff in Gelb mit Sternen,
 je 2x ca. 35 cm x 16 cm
✳ Stoff D Baumwollstoff in Hellblau mit weißen Punkten,
 ca. 25 cm x 12 cm
✳ Nähgarn, farblich passend
✳ Luftballon, Umfang ca. 75-85 cm

Schnittmusterbogen A

Zuschnitt
✳ Seitenteile: je 2x Stoff A, B, C
✳ Kappe: 1x Stoff D
✳ Kappenteil mit Schlitz: 2x Stoff D

Nahtzugabe
An allen Nähten und Kanten 1,0 cm.

5 Die Kappe mit dem Schlitz wird erst vorgefertigt und dann wie die geschlossene Kappe festgesteppt. Dafür die langen Seiten der Schnitteile doppelt einschlagen (je 1 cm) und feststeppen. Teile 2 cm überlappend aufeinanderlegen und heften. An den Seiten je ein kleines Rechteck steppen, sodass ein Schlitz von 5 cm Länge bleibt (siehe Skizze). Kappe in derselben Vorgehensweise wie die geschlossene Kappe an die noch offene Seite der Ballonhülle steppen. Ballhülle durch den Schlitz auf rechts wenden.

6 Luftballon durch den Schlitz in die Hülle stecken, nur die Aufblasöffnung bleibt draußen. Aufblasen, verknoten, Knoten ebenfalls in die Hülle stecken. Schon kann es losgehen!

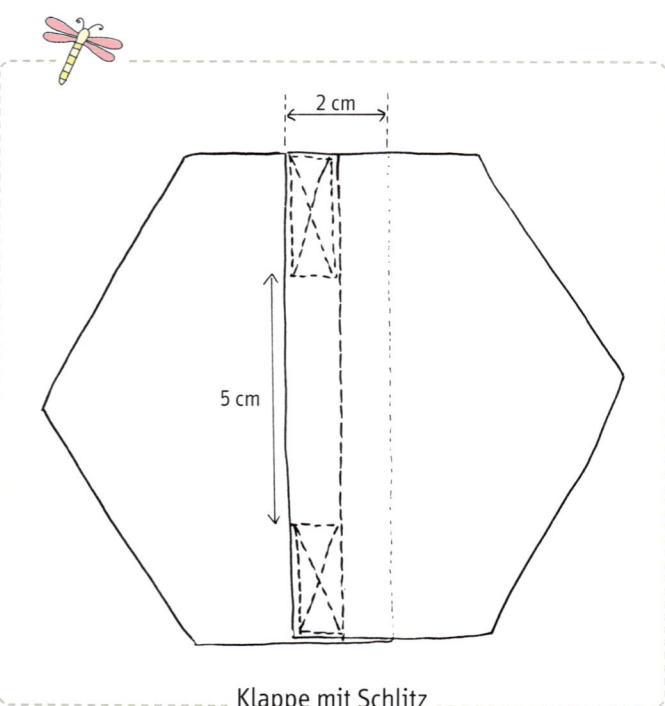

Klappe mit Schlitz

Zuckersüße Kinderschürze

~ Für kleine Chefköche ~

Schwierigkeitsgrad: ❖❖❖❖

Material

❋ Pünktchenstoff in Rot-Weiß, 50 cm x 65 cm
❋ Baumwollstoff in Rosa mit Rosenmuster, 17 cm x 13 cm
❋ Karostoff in Rosa-Weiß, 150 cm x 6 cm
❋ Zackenlitze in Weiß, 1 cm breit
❋ Satinband in Rot-Weiß gepunktet, 1,5 cm breit

Anleitung

1 Die Schürze gemäß der Skizze rechts zuschneiden. Für die aufgesetzte Tasche wird Rosenstoff mit den Maßen 17 cm x 13 cm benötigt. Aus Karostoff werden das Schürzenband (150 cm x 6 cm) und das Trägerband (54 cm x 5 cm) genäht.

2 Die Schürze, die Tasche und das Schürzenband werden – allerdings ohne Taschenverzierung und Clipaufhänger – wie oben beschrieben gearbeitet. Bevor Sie das fertige Schürzenband auf die Schürze nähen, steppen Sie von links Zackenlitze auf, sodass die Zacken von rechts noch sichtbar sind.

3 Den Trägerstreifen der Länge nach links auf links auf die Hälfte bügeln, füßchenbreit zusteppen, dabei eine kurze Kante offen lassen und wenden. Den Träger ausbügeln und das offene Ende von Hand zunähen. Die beiden Enden von links an die oberen Ecken der Schürze steppen und die Zackenlitze von rechts auf die obere Schürzenkante nähen. Das Satinband zur Schleife binden und von Hand mittig auf die Tasche nähen.

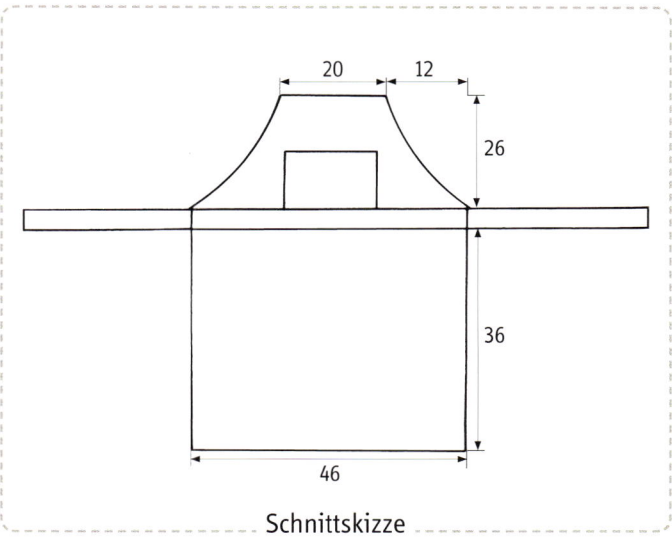

Schnittskizze

Sanftmütiger Wärmespender

~ Kirschkern-Dino aus Frottee ~

Anleitung

1 Für Arme und Beine je ein Schnittteil aus dem grünen Frottee und eines aus dem gestreiften Stoff rechts auf rechts legen und mit weißem Garn zusammennähen. Bei den Beinen die untere, gerade Kante zum Wenden offen lassen. Bei den Armen eine 3 cm große Wendeöffnung frei lassen. Bei allen Teilen die Nahtzugabe versäubern.

2 Anschließend wenden und die Beine mit Kirschkernen füllen. Den Stoff an der offenen Stelle ca. 1 cm einschlagen und die Öffnung mit der Maschine knappkantig schließen.

3 Die Arme bleiben ohne Füllung. Den Stoff an der offenen Stelle ca. 1 cm nach innen schlagen und mit einer Stecknadel an der entsprechenden Stelle am Körper fixieren. Dann knappkantig darüber nähen. Das Bein ebenfalls mit Nadeln fixieren und knappkantig festnähen. Bei beiden Körperteilen gleich verfahren.

4 Die Punkte auf beiden Körperhälften verteilen und applizieren.

5 Nun das Nähgarn wechseln und mit braunem Garn und engem Zickzackstich die Augen aufsteppen und den Mund locker mit geradem Stich aufsteppen. Je zwei Schnittteile für die Muschelzacken rechts auf rechts legen und zusammennähen. Hier beträgt die Nahtzugabe nur 0,5 cm. Den unteren, geraden Rand offen lassen und die Teile anschließend wenden.

6 Die beiden Körperhälften rechts auf rechts zusammennähen, wobei vom Kopf bis zum Schwanz die Muschelzacken nach innen zeigend zwischen den beiden Hälften liegen. Eine ca. 8 cm große Öffnung zum Wenden lassen und die Nahtzugabe versäubern. Nach dem Wenden mit Kirschkernen befüllen und die Öffnung von Hand schließen.

Schwierigkeitsgrad: ✧ ✧ ✧

Größe
25 cm x 35 cm

Material
❋ Frotteestoff in Grün, 25 cm x 80 cm
❋ Baumwollstoff in Grün-Rosé-Weiß gestreift, 15 cm x 40 cm
❋ Baumwollstoff in Türkis geblümt, 10 cm x 30 cm
❋ Nickistoff in Türkis, Rest
❋ Nähgarn in Weiß und Braun
❋ Kirschkerne

Zuschnitt
❋ Frottee: 2x Körper in Grün
❋ Frottee: 2x Arm in Grün
❋ Baumwolle: 2x Arm in Grün-Rosé-Weiß gestreift
❋ Frottee: 2x Bein in Grün
❋ Baumwolle: 2x Bein in Grün-Rosé-Weiß gestreift
❋ Baumwolle: 14x Muschelzacken in Türkis geblümt
❋ Nicki: 6x Punkt in Türkis

Nahtzugabe
Alle Teile gemäß Schnittmuster zuschneiden. Eine Nahtzugabe von 1 cm ist in allen Schnittteilen enthalten. Bei den Muschelzacken sind es nur 0,5 cm Nahtzugabe.

Schnittmusterbogen A

Sonnenscheinchen

~ Ein Strahlen zu jeder Tageszeit ~

Anleitung

1 Das Stoffteil für das Gesicht mit weißem Garn mittig auf die Vorderseite der Sonne aufnähen. Hier genügt es, das Gesicht kreisrund aufzunähen. Es ist nicht nötig, jede Rundung einzeln abzusteppen. Nun mit dem braunen Faden die Augen mit einem engen Zickzackstich aufnähen. Den Mund entlang der eingezeichneten Linie mehrfach locker hin- und hersteppen.

2 Jeweils zwei Stoffteile für die Zacken rechts auf rechts liegend, bis auf die kurze, untere Seite zusammennähen und die Nahtzugabe versäubern. Alle Zacken durch die offene Seite wenden und mit einem abgerundeten Gegenstand ausformen.

3 Dann die Zacken mit den Spitzen zur Mitte zeigend auf die Sonne legen, die offene Seite jeweils an die gerade Kante der Sonne legen und mit Stecknadeln feststecken. Einmal rundherum nähen und die Nahtzugabe versäubern.

4 Jetzt Vorder- und Rückseite rechts auf rechts liegend zusammennähen. Dabei eine Öffnung von ca. 5 cm zum Wenden lassen.

5 Nach dem Wenden die Sonne mit Füllwatte ausstopfen und die Öffnung per Hand schließen.

Größe
ca. 30 cm x 30 cm

Material
❊ Polarfleece in Orange mit rosa Punkten, 20 cm x 20 cm
❊ Polarfleece in Rosé, 10 cm x 10 cm
❊ Flanellstoff in Pink, 20 cm x 20 cm
❊ Baumwollstoff in Orange-Rosa gemustert, Rest
❊ Baumwollstoff in Rosa-Weiß gestreift, Rest
❊ Baumwollstoff in Grün-Rosa gemustert, Rest
❊ Baumwollstoff in Rosa mit weißen Punkten und Blüten, Rest
❊ Baumwollstoff in Rosa-Weiß kariert, Rest
❊ Baumwollstoff in Pink mit roten Blüten, Rest
❊ Baumwollstoff in Rosé mit rosaroten Punkten, Rest
❊ Baumwollstoff in Rosa-Weiß-Rot gemustert, Rest
❊ Füllwatte
❊ Nähgarn in Weiß und Braun

Zuschnitt
❊ Fleece: 1x Sonne in Orange mit rosa Punkten
❊ Flanell: 1x Rückseite Sonne in Pink
❊ Fleece: 1x Gesicht in Rosé
❊ Baumwolle: 8x je 2 Zacken in den verschiedenen Farben

Nahtzugabe
Alle Teile gemäß Schnittmuster zuschneiden. Eine Nahtzugabe von 1 cm ist in allen Schnittteilen enthalten.

Schnittmuster
Seite 127

Steckenpferd für süße Mädchen

~ Großes Glück für kleine Reiter ~

Schwierigkeitsgrad: ❖ ❖ ❖

Anleitung

Alle Teile gemäß der Angaben zuschneiden, Markierungen einzeichnen. Kopfteile rundherum mit Zickzackstich versäubern. Ohrenteile rechts auf rechts und das Volumenvlies zusammenheften (jeweils Stoff A mit Stoff C kombinieren) und an den langen Seiten zusammensteppen. Nahtzugaben auseinanderbügeln, Ohren wenden, Spitze mit stumpfer Nadel oder Stift ausformen.

Stirnband

Längskanten 1 cm auf links umbügeln. Band der Länge nach falten und bügeln. Die Längskanten sauber aufeinander heften, die Nahtzugaben liegen innen. Kante knappkantig steppen.

Fransenband vierschichtig legen, sodass ein 40 cm langes „Mähnenteil" entsteht. Heften und knappkantig zusammensteppen. Mähne zwischen die rechts auf rechts liegenden Nackenteile legen (siehe Skizze 1 Seite 102) und heften. Kante zusammensteppen, das Fransenband wird dabei mitgefasst. Nacken und Stirnteil rechts auf rechts legen (siehe Ansatzpunkt B), heften und zusammensteppen. Stirnband von rechts direkt unter die Ansatznaht heften und innerhalb der Nahtzugabe fixieren. Seitenteile und die der Länge nach zusammengeklappten Ohren (siehe Skizzen 2 und 3 Seite 102) an Mittelteil heften (eingezeichnete Ansatzpunkte beachten) und zusammensteppen. Pferdekopf auf rechts wenden. Untere Kante je 1 cm doppelt einschlagen und knappkantig steppen. Dabei seitlich eine kleine Wendeöffnung für das Gummiband offen lassen. Gummiband in den Tunnelzug einziehen und die Enden zusammensteppen.

Pferdekopf mit Füllwatte fest ausstopfen.

Größe

Pferdekopf von Ohrenspitze bis Halsende 45 cm

Material

❋ Stoff A Baumwollstoff in Blau mit Rosen, 35 cm x 115 cm
❋ Stoff B Baumwollstoff in Hellblau mit weißen Punkten, 15 cm x 140 cm
❋ Stoff C (Baumwollstoff in Pink mit Vichykaro, 15 cm x 140 cm
❋ Fransenband aus Filz, in Weiß, 160 cm
❋ Perlgarn in Weiß (Wimpern)
❋ einfaches Gummiband, 0,5 cm, ca. 30 cm lang
❋ Nähgarn, farblich passend
❋ 2 Ösenknöpfe in Dunkelblau oder Schwarz, ø ca. 1,5 cm
❋ 3 Deko-Rosen zum Aufnähen
❋ Volumenvlies für die Ohren, 20 cm x 20 cm
❋ Füllwatte
❋ Gummiband
❋ Rundstab in Weiß, ø ca. 2 cm, ca. 90 cm lang

Schnittmusterbogen B

Zuschnitt

❋ Seitenteil: 1x Stoff A
❋ Seitenteil (gespiegelt): 1x Stoff A
❋ Stirn: 1x Stoff B
❋ Nacken: 1x Stoff B
❋ Ohren: 2x Stoff A, 2x Stoff C, 2x Volumenvlies
Nicht auf Schnittmusterbogen
(Nahtzugaben 1 cm bereits enthalten)
❋ Stirnband: 1x Stoff C, 4,5 cm x 13 cm
❋ Zügel: 1x Stoff C, 3,5 cm x 115 cm
❋ Nasenriemen: 1x Stoff C, 4,0 cm x 32 cm

Nahtzugabe

An allen Nähten und Kanten 1,0 cm.

Zügelband

Die Längskanten 1 cm auf links umbügeln. Band der Länge nach falten und bügeln. Die Längskanten sauber aufeinander heften, die Nahtzugaben liegen innen. Kante knappkantig steppen.

Nasenriemen

Längskanten 1 cm auf links umbügeln. Band der Länge nach falten, bügeln und wieder aufklappen. Band mit den kurzen Seiten rechts auf rechts legen, heften und zu einem Ring zusammensteppen. Ring zusammenklappen, eingeklappte Kanten sauber aufeinander heften und knappkantig steppen. Nasenriemen auf den Pferdekopf ziehen. Zügel-Enden so von unten an den Nasenriemen heften, dass sie über die Nase gelegt gemessen einen Abstand von 18 cm zueinander haben. Halfter wieder abnehmen, Zügel feststeppen, Halfter wieder aufziehen.

Gesicht

Augenknöpfe annähen, Wimpern mit Perlgarn aufsticken, Rosen auf das Stirnband nähen.

Rundstab ca. 25 cm in den Pferdekopf stecken, evtl. nochmals mit Füllwatte fester stopfen. Gummiband so fest wie möglich um den Rundstab zuziehen und verknoten. Knoten nach innen stopfen. Losreiten!

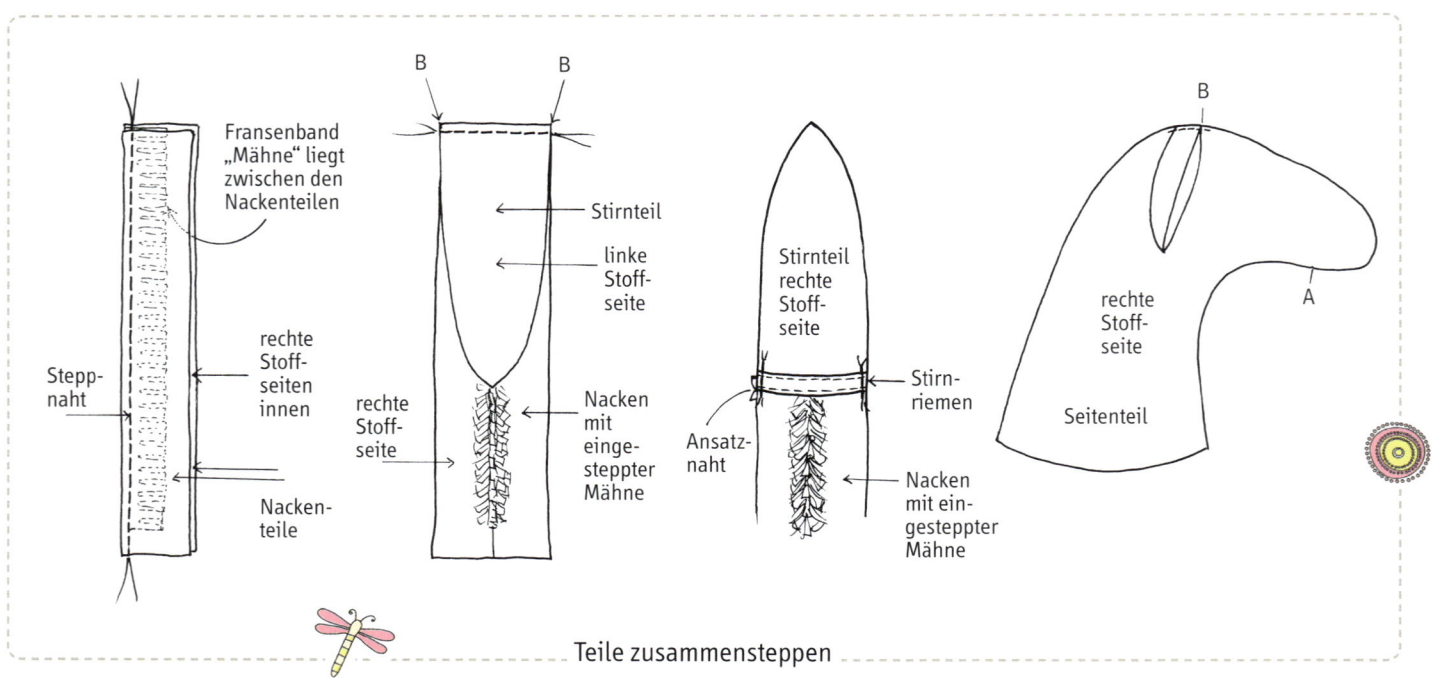

Teile zusammensteppen

T-Shirts mit Applikationen

~ Aus alt mach neu mit Stoffresten ~

Schwierigkeitsgrad: ◈◈◈

Anleitung

Vliesofix auf den Stoffrest aufbügeln, Motiv aufzeichnen (mit Markierstift auf den Stoff oder spiegelverkehrt auf das Vliesofix-Papier) und ausschneiden. Papier von Vliesofix entfernen und Motiv aufbügeln. Motiv entlang der Kontur mit engem Zickzackstich applizieren. Einzelheiten wie Strunk, Stiel etc. mehrfach „lässig" mit Geradstich nachsteppen.

HINWEIS: Für Strickstoffe (Single Jersey, Sweatshirtstoff und andere dehnbare Qualitäten) unbedingt eine spezielle Nähmaschinennadel mit gerundeter Spitze – „ballpoint needle" oder „Jerseynadel" – verwenden! Die normale Nadel beschädigt die Maschen und hinterlässt spätestens nach dem ersten Waschen Löcher und Laufmaschen!
Bei dünneren T-Shirt-Qualitäten empfiehlt es sich zudem, den Bereich der Applikation vor dem Steppen von links mit Vlieseinlage zu verstärken.

Material
* Stoffreste in verschiedenen Farben und Mustern
* Vliesofix
* Nähgarn, farblich passend
* T-Shirts o. Ä.

Schnittmusterbogen A

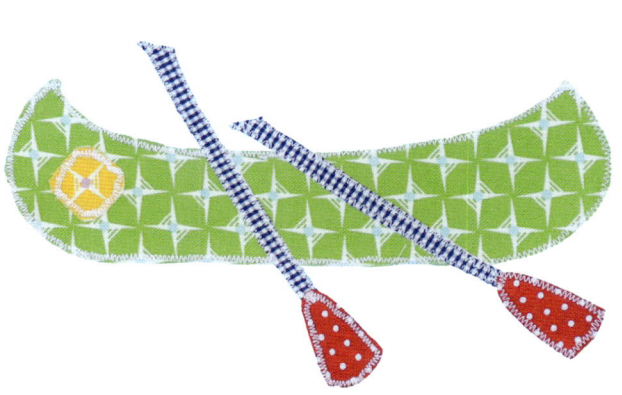

„Tetraeder"-Kissen

~ Geometrischer Sitzsack fürs Kinderzimmer ~

Anleitung

Schwierigkeitsgrad: ◆◆◇

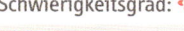

1 Den Stoff gemäß den Angaben zuschneiden und alle Kanten mit Zickzackstich versäubern.

2 Die Applikation aufsteppen, dazu Vliesofix auf die Stoffstücke aufbügeln, die Formen der Blütenblätter und die runde Mitte vom Schnittmusterbogen 1aufzeichnen, mit Markierstift auf den Stoff oder auf Vliesofix aufzeichnen und ausschneiden. Das Papier vom Vliesofix entfernen, die Formen zu einem Blumenmotiv zusammenlegen, aufbügeln und das Blumenmotiv rundherum mit Zickzackstich applizieren.

3 Für den Bezug den Stoff rechts auf rechts auf die Hälfte zusammenklappen, sodass ein 42 cm hohes und 41 cm breites Stück entsteht. Die 42 cm lange Kante heften und zusammensteppen. Hierbei die Naht nach 6 cm mit 3-4 Rückstichen sichern, auf Stichlänge 4-5 mm stellen und weiterstepppen. Nach 30 cm, 6 cm vor der Schnittkante, die Stichlänge wieder zurückstellen und einen 2. Riegel nähen. Die Naht mit normaler Stichlänge fertigstepppen. Die Nahtzugaben von links auseinanderbügeln.

4 Den Reißverschluss mit der Rückseite nach oben auf die aufgebügelte Naht legen und von Hand festheften. Den Reißverschluss von rechts mit dem Reißverschlussfüßchen in 0,7 cm Abstand zur Nahtkante einnähen. Die Naht zwischen den beiden Riegeln auftrennen und den Heftfaden entfernen.

5 Den Bezug von links so bügeln, dass die Reißverschlussnaht genau in der Mitte des Bezuges verläuft. Die untere Kante heften und zusammenstepppen. Die Nahtzugaben auseinanderbügeln. Den Reißverschluss ca. 10 cm weit öffnen. Die obere Kante so aufeinanderlegen, dass die Seitennaht mit dem Reißverschluss an der Seite liegt. Die Kante bügeln, heften und zusammenstepppen. Die Nahtzugaben auseinanderbügeln, den Bezug auf rechts wenden.

6 Für das Innenkissen den Stoff rundherum mit Zickzackstich versäubern, dann rechts auf rechts auf die Hälfte zusammenklappen, sodass ein 42 cm hohes und 41 cm breites Stück entsteht. Die 42 cm lange Kante heften und zusammenstepppen. Die kurzen Kanten wie beim Bezug beschrieben im 90° Winkel zueinander zusammenstepppen, dabei an einer Seite eine 30 cm große Füllöffnung lassen. Das Innenkissen auf rechts wenden.

7 Das Innenkissen mit Füllmaterial befüllen, dabei schön fest stopfen, damit das Kissen Stand und eine gute Form bekommt. Die Füllöffnung mit einer Steppnaht schließen.

Größe
40 cm x 40 cm x 40 cm

Material pro Kissen
✳ Viesofix, Rest
✳ Nähgarn, farblich passend
✳ Reißverschluss 30 cm lang, farblich passend

Kissen A
✳ Stoff A Baumwollstoff in Rosa mit rosafarbenen Punkten, 42 cm x 82 cm
✳ Stoff B Baumwollstoff in Pink mit orangefarbenen Punkten, Rest
✳ Applikationsstoff, Rest

Kissen B
✳ Stoff A Baumwollstoff in Koralle mit rosafarbenen Punkten, 42 cm x 82 cm
✳ Stoff C Baumwollstoff in Rosa mit rosafarbenen Punkten, Rest
✳ Stoff D Baumwollstoff in Pink mit orangefarbenen Punkten, Rest

Kissen C
✳ Baumwollstoff in Pink mit orangefarbenen Punkten, 42 cm x 82 cm

Kissen D
✳ Stoff A Baumwollstoff in Rosa mit Blumenmuster, 42 cm x 82 cm

Kissen E
✳ Stoff A Baumwollstoff in Flieder mit Blumenmuster, 42 cm x 82 cm

Füllkissen
✳ Baumwollstoff, 42 cm x 82 cm
✳ Füllwatte oder Füllgranulat

Schnittmusterbogen B

Nahtzugabe
1 cm Nahtzugabe ist in den Maßen bereits enthalten.

Grundkurs Nähen

Nähen ist nicht schwer – auf den nächsten Seiten finden Sie alles Wichtige für Ihr Hobby und die Anleitungen in diesem Buch noch einmal kompakt zusammengefasst. Schlagen Sie schnell nach, wenn Sie an der einen oder anderen Stelle vielleicht nicht weiter wissen. Ob die richtige Vorbereitung der Materialien, der richtige Umgang mit Ecken, das Einnähen von Knopflöchern oder wie man richtig appliziert. Es bleibt keine Frage offen.

Stoffzuschnitt

Bevor mit dem Nähen begonnen werden kann, müssen die einzelnen Schnittteile vom Papierschnitt abgepaust, auf den Stoff aufgelegt und zugeschnitten werden. Eventuell ist es dabei notwendig, Nahtzugaben hinzuzufügen und Markierungen auf die Stoffteile zu übertragen.

Die wichtigsten Fachbegriffe

Fadenlauf   Bei gewebten Stoffen werden längs laufende Fäden Kettfäden, quer laufende Fäden Schussfäden genannt. Der Fadenlauf bezeichnet die Richtung des Kettfadens und verläuft normalerweise parallel zu den Webkanten. Sind an einem Stoffrest keine Webkanten mehr zu sehen und ist der Fadenlauf schwer erkennbar, wenn möglich am Rand einen Gewebefaden anziehen, der dann die Richtung weist. In Schnitten ist der Fadenlauf mit Pfeilen gekennzeichnet. Beim Auflegen der Schnittteile müssen diese Pfeile, wenn nicht anders angegeben, parallel zum Fadenlauf liegen.

Fadengerade zuschneiden   Um exakte und gerade Kanten zu schneiden, die Schere an einem Faden entlang bzw. zwischen zwei Fäden führen.

Stoffbruch   Für symmetrische Schnittteile ist oft nur der halbe Schnitt abgebildet. Eine gerade Kante markiert die Achse, an der das Schnittteil zur Vervollständigung gespiegelt werden muss. Diese Kante ist meist mit „Stoffbruch" beschriftet und/oder durch eine gestrichelte Linie markiert. Um die fehlende Hälfte gegengleich und ohne Naht zu ergänzen, wird der Stoff vor dem Zuschnitt gefaltet. Die gerade Kante des Schnittteils wird nun genau an diesem Knick, dem so genannten Stoffbruch, angelegt und das Schnittteil aus dem doppelt gelegten Stoff ausgeschnitten. Bei Webstoff entspricht der Stoffbruch dem Fadenlauf.

Naht- und Saumzugabe   Zugaben sind die Stoffränder zwischen Nahtlinie (= Linie, auf der genäht wird) und Schnittkante. Bei den Modellen dieses Buches sind die Zugaben bereits enthalten, sodass die Schnittteile direkt an der Papierkante zugeschnitten werden können. Sind die Zugaben in einem Schnitt noch nicht eingerechnet, müssen zuerst ringsum Naht- und Saumzugaben aufgezeichnet werden: Je nach Zweck und Material rechnet man für normale Nähte meist 1-2 cm, für gerade Säume 2-4 cm und für runde Säume 2 cm ab der Papierkante. Der Stoff wird anschließend an den eingezeichneten Linien zugeschnitten.

Rechte/Linke Stoffseite   Die schöne Oberseite, die beim fertigen Modell außen zu sehen ist, wird als rechte, die Rückseite als linke Stoffseite bezeichnet.

Rechts auf rechts   Ein Stoffteil wird mit der rechten Seite auf die rechte Seite eines anderen Stoffteils gelegt. Die linken (oft blasseren) Stoffseiten zeigen also jeweils nach außen.

Webkante   Beim Weben eines Stoffes entstehen seitlich in Längsrichtung die Webkanten, die parallel zum Fadenlauf liegen. Die Webkanten sind sauber abgeschlossen und fransen im Gegensatz zu Schnittkanten nicht aus. Da sie etwas fester sind als der restliche Stoff, sollten sie, außer als Nahtzugaben, beim Zuschneiden nicht einbezogen werden.

Schnittmuster abpausen

Um Platz zu sparen werden Schnittmuster häufig auf Bögen überlappend mit Schnittmustern anderer Modelle aufgezeichnet. Aus diesem oder anderen Gründen kann es sinnvoll sein, einen Papierschnitt nicht direkt auszuschneiden, sondern ihn abzupausen. Für diesen Zweck gibt es im Fachhandel spezielles Schnittmusterpapier, verwendet werden können aber auch Seiden- oder Transparentpapier. Das Papier auf die Vorlage bzw. das Muster legen. Ist ein großer Schnittmuster-Bogen vom Falten sehr uneben, das Papier einfach mit einem Bügeleisen ohne Dampffunktion glätten. Mit Filz- oder Bleistift alle Linien, Markierungen und Beschriftungen der einzelnen Teile nachzeichnen und anschließend die Schnittteile ausschneiden.

Werden Vorlagen mehrmals verwendet, kann man zur Verstärkung die Rückseite mit dickerem Papier, z. B. Packpapier, bekleben. Für kleinere Motive kann eine Schablone aus Pappe sehr praktisch sein. Die Konturen einfach mithilfe von Pauspapier auf die Pappe übertragen, dann die Schablone sorgfältig ausschneiden.

Schnittteile auflegen

Den Stoff zuerst bügeln, dann schön glatt und faltenfrei zurechtlegen. Darauf achten, dass alle Schnittteile im richtigen Fadenlauf darauf Platz haben. Die Schnittteile werden immer auf der linken Stoffseite aufgelegt, sodass dort auch Zugaben und Markierungen angezeichnet werden können. Große Teile zuerst, kleinere danach auflegen. Falls Naht- und Saumzugaben noch nicht im Schnitt enthalten sind, zwischen den einzelnen Schnittteilen Abstand dafür lassen. Um die Stofffläche optimal auszunutzen kann es sinnvoll sein, die Schnittteile nach und nach auszuschneiden und sich dafür immer wieder einen neuen Stoffbruch zu falten. Für einmal benötigte, asymmetrische Schnittteile den Stoff einfach legen, für zweimal benötigte Teile doppelt legen und beide Teile zusammen ausschneiden. Um zu überprüfen, ob die Teile auch richtig im Fadenlauf liegen, an beiden Enden des auf dem Schnittteil aufgezeichneten Fadenlaufs zu Bruch- oder Webkante messen und die Stelle mit je einer Stecknadel markieren (siehe Foto). Der Abstand sollte an beiden Pfeilenden gleich sein.

Die Schnittteile nun ringsum mit Stecknadeln so feststecken, dass die Schnittlinie zum Schneiden frei bleibt. Bei doppelt gelegtem Stoff darauf achten, dass die Nadeln beide Lagen erfassen. Bei Lackstoffen, Leder oder Wachstuch bleiben Nadeleinstiche sichtbar, deshalb Schnittteile mit Klebeband oder Büroklammern befestigen.

Naht- und Saumzugaben aufzeichnen

Bei Schnittteilen, die keine Zugaben enthalten, müssen Naht- und Saumzugaben ringsum mit Handmaß und Trickmarker oder Schneiderkreide auf den Stoff gezeichnet werden. Oft sind die Maße der benötigten Zugaben in der Anleitung angegeben. Ist dies nicht der Fall, können sie je nach Zweck und Material selbst gewählt werden. Entlang der eingezeichneten Markierung wird dann zugeschnitten. Sind die

Nahtzugaben gleichmäßig aufgezeichnet, liegen die Schnittkanten später beim Nähen exakt aufeinander. Für das Gelingen einer geraden Naht kann man sich dann an den Schnittkanten orientieren und so einen Arbeitsschritt, das Übertragen der Nahtlinien, sparen.

Stoffteile zuschneiden

Den Stoff entlang der Papierkante oder der eingezeichneten Markierung mit einer scharfen Schneiderschere zuschneiden. Dabei so wenig wie möglich anheben, da sich sonst die Schnittkanten leicht verschieben können. Mit der freien Hand den Stoff dicht neben der Schnittlinie festhalten und mit langen Schnitten arbeiten.

Schnittkonturen und Markierungen übertragen

Bevor der Papierschnitt nach dem Zuschneiden der Stoffteile wieder abgenommen wird, müssen Naht- und Saumlinien (= Konturen) und alle im Schnittteil eingezeichneten Markierungen, bis auf den Fadenlauf, auf den Stoff übertragen werden. Wird später Vlieseline aufgebügelt, die am Rand des Schnittteils befindlichen Markie-

rungen, wie Ansatzpunkte für andere Teile oder vordere und rückwärtige Mitte, bis auf die Nahtzugabe verlängern, damit sie sichtbar bleiben. Alternativ können diese Stellen auch mit kurzen Einschnitten in den Zugaben gekennzeichnet werden. Zum Übertragen von Markierungen gibt es verschiedene Möglichkeiten:

Markierung bei doppelter Stofflage

Ein Stück Schneiderkopierpapier mit der beschichteten Farbseite nach oben auf eine gerade Oberfläche legen. Das zugeschnittene Stoffteil darauf legen. Das Kopierrädchen zuerst entlang der Papierkante führen und so die Nahtlinien übertragen. Dann alle weiteren Markierungen nachrädeln. Die Linien sind nun auf der unteren Stofflage sichtbar, der Papierschnitt kann abgenommen werden.

Beide Stofflagen nun wieder bündig mit Stecknadeln aufeinander stecken, ohne die markierten Linien zu treffen. Den Stoff umdrehen und erneut auf das Kopierpapier legen, sodass die bereits kopierten Linien oben liegen. Die Linien noch einmal nachrädeln, um sie auch auf die zweite, jetzt unten liegende Stofflage zu kopieren.

Markierung auf der rechten Stoffseite

Markierungen wie Knopflöcher oder Aufsetzpunkte für Applikationen müssen auf die rechte Stoffseite übertragen werden, da sie später auch von dieser Seite gearbeitet werden. Bei doppelt gelegtem Stoff befinden sich die rechten Seiten immer innen. An den entsprechenden Stellen Stecknadeln durch den Papierschnitt und

beide Stofflagen stechen. Dann die obere Stofflage zurückschlagen und jeweils beide Durchstichstellen mit Schneiderkreide oder Trickmarker anzeichnen.

Markierung bei einfacher Stofflage

Die Nahtlinie entlang der Papierkante mit Schneiderkreide oder Trickmarker aufzeichnen. Um die Markierungen zu übertragen, an den entsprechenden Stellen Stecknadeln durch Papier und Stoff stechen, den Papierschnitt vorsichtig bis zur Nadel anheben und die Einstichstellen auf der linken Stoffseite markieren. Müssen sie auch auf der rechten Stoffseite sichtbar sein, einfach die Ausstichstellen ebenfalls markieren (siehe Foto).

Einfache Naht

Naht sichern

Damit eine Naht später nicht aufgehen kann, sollten Nahtanfang und -ende mit einigen Rückstichen gesichert werden. Dies nennt man auch Verriegeln. Bei Gerad- und Zickzackstichen einige Stiche nähen, auf die Rückwärtstaste drücken, 3 bis 5 Stiche zurücknähen, dann die Taste lösen und wieder vorwärtsnähen. Am Nahtende wieder einige Stiche rückwärts und dann erneut vorwärts bis zum Ende nähen. Bei Zier- und sonstigen Stichen sollten Anfang und Ende mit Geradstichen gesichert werden, da die Naht an diesen Stellen sonst zu dick wird. Vor dem Nahtende langsamer nähen, um nicht darüber hinaus zu geraten. Manche Nähmaschinen besitzen eine Riegeltaste, bei deren Betätigung die Naht automatisch mit einigen Stichen verriegelt wird.

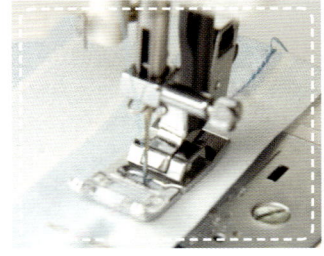

Nähte lassen sich auch durch Verknoten von Ober- und Unterfaden sichern. Dafür den Oberfaden auf die linke Stoffseite ziehen, beide Fäden zur Schlaufe legen und die Enden hindurch führen. Den Knoten dicht am Stoff festziehen, die überstehenden Fadenenden abschneiden.

Einfache Naht

Normalerweise wird durch Betätigung des Fußpedals genäht. Je mehr Druck dabei auf das Pedal ausgeübt wird, desto schneller näht die Maschine. An Stellen, an denen sehr exakt genäht werden muss, kann die Nadel aber auch langsam durch Drehen des Handrads bewegt werden. Um Stichlänge und Fadenspannung zu überprüfen ist eine Nahtprobe auf einem doppelt gelegten Stoffrest sinnvoll. Den Stoff beim Nähen weder ziehen noch schieben, sondern nur leicht mit der Hand führen, um eine gerade Naht zu erhalten.

Je nach Breite der Nahtzugabe kann dabei die Maßeinteilung auf der Stichplatte als Orientierung dienen. Die Linien sind durch Zahlen markiert, die den Abstand zwischen der Stoffkante und der zentrierten Nadel, also der späteren Naht, angeben. Sind die Stoffteile mit Faden zusammengeheftet, nicht direkt auf der Heftlinie, sondern dicht daneben nähen. So lässt sich anschließend der Heftfaden leichter entfernen. Wurde mit der Maschine geheftet, nach dem Nähen den Unterfaden der Heftnaht herausziehen. Mit dem Gerad- bzw. Steppstich die rechts auf rechts gelegten Stoffkanten entlang der markierten Nahtlinie zusammennähen. Wurde keine Nahtlinie angezeichnet, mit einem Abstand zum Schnittrand in Breite der Nahtzugabe nähen. Dabei die Stecknadeln kurz vor dem Nähfuß herausziehen oder langsam über die Nadeln nähen und diese erst danach entfernen.

Wenn Ecken und Kurven genäht werden, muss der Nähvorgang manchmal unterbrochen werden. Dann ist es sinnvoll, die Nadel per Handrad in den Stoff zu stechen, oder, falls vorhanden, den automatischen Nadelstopp im Stoff zu wählen. So ist garantiert, dass die Naht später ohne Verschiebung fortgesetzt werden kann. Eine einfache Naht mit Geradstich nähen bezeichnet man auch als „steppen".

Ecken nähen

Kurz vor einer Ecke langsamer nähen. Exakt in der Ecke stoppen, die Nadel bleibt im Stoff. Den Nähfuß hochstellen, das Stoffteil in die neue Richtung drehen, dann den Fuß wieder senken und weiter nähen.

Kurven nähen

Bei leichten Kurven langsam nähen. Vor einer engen Kurve stoppen, die Nadel bleibt im Stoff. Den Nähfuß hochstellen, das Stoffteil etwas weiter drehen, den Fuß wieder senken und ein bis zwei Stiche per Handrad nähen. Diesen Vorgang bis zum Kurvenende wiederholen, dann normal weiter nähen. Bei sehr engen Rundungen für diesen Nahtabschnitt einen kürzeren Geradstich einstellen.

Naht auftrennen

Besonders bei Anfängern ist es ganz normal, dass Teile einmal nicht korrekt zusammengenäht werden oder eine Naht nicht an der richtigen Stelle sitzt. Dann bleibt leider nichts anderes übrig, als die Naht aufzutrennen. Dazu mit der Spitze des Nahttrenners auf der linken Stoffseite den Unterfaden anheben und mit der Schneide durchtrennen. Das Stoffteil wenden und mit dem Oberfaden genauso verfahren. Fadenreste eventuell mithilfe einer Pinzette aus dem Stoff zupfen.

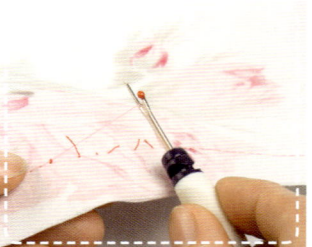

Nahtzugaben beschneiden

Nahtzugaben zurückschneiden

Vor allem bei sehr kleinen und schmalen Schnittteilen können die Nahtzugaben im gewendeten Zustand sehr auftragen und eine gute Ausformung verhindern. Daher kann es erforderlich sein, sie bis 3-4 mm vor der Nahtlinie abzuschneiden. Dabei aber immer genügend Zugabe lassen, um ein Auflösen der Naht zu vermeiden.

Nahtzugaben einschneiden

Bei Rundungen und Ecken die Nahtzugaben einschneiden bzw. einkerben, sie passen sich dadurch besser an die Form an. Dafür eine Schere mit scharfer Spitze verwenden und nie näher als ca. 2 mm an die Nahtlinie heran schneiden.

Innenrundungen

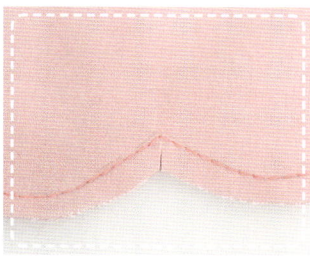

Die Nahtzugaben im rechten Winkel zur Nahtlinie einschneiden. Je enger die Kurve, desto mehr Einschnitte sind erforderlich.

Außenrundungen

Die Nahtzugaben einkerben. Effektiver als wenige große Kerben sind mehrere kleine.

Innenecken

Einmal bis kurz vor die Nahtlinie einschneiden, um die Nahtzugaben einschlagen zu können.

Außenecken

Die Nahtzugaben schräg abschneiden, damit sie in den gewendeten Ecken nicht auftragen.

Kanten versäubern und absteppen

Versäubern mit dem Zickzackstich

Die gebräuchlichste Methode, Nahtzugaben vor dem Ausfransen zu schützen, ist das Versäubern der Schnittkanten mit dem Zickzackstich. Stichbreite und -länge sollten hierbei sorgfältig auf das verwendete Material abgestimmt und am besten zuvor an einem Stoffrest ausprobiert werden. Für stark fransende Stoffe eignen sich breite Stiche in kurzem Abstand,

für wenig fransende Stoffe schmale Stiche in größerem Abstand. Den Zickzackstich nahe der Stoffkante nähen, jedoch nicht darüber hinaus (siehe Foto). Dann die überstehende Stoffkante vorsichtig dicht neben den Stichen abschneiden. Normalerweise werden die Nahtzugaben aller Teile einzeln versäubert, schmale Zugaben, z. B. bei Beuteln und Taschen, können manchmal aber auch zusammen versäubert werden. Dabei kann der Stich auch über die Kanten hinaus stechen.

Absteppnaht

Das Absteppen erfolgt auf der rechten Stoffseite und dient sowohl zur Verzierung als auch zum Flachhalten von Nahtzugaben, damit diese später nicht abstehen. Dafür auf der linken Stoffseite die versäuberten Nahtzugaben auf die Seite bügeln, die danach abgesteppt werden soll. Nun die Naht im Gerad- bzw. Steppstich auf der rechten Stoffseite parallel zur vorher gearbeiteten Naht nähen.

Häufig finden sich in Anleitungen die Begriffe füßchenbreit, schmal- oder knappkantig absteppen. Füßchenbreit bedeutet, dass z. B. eine eingeschlagene Stoffkante oder eine bereits vorhandene Naht exakt entlang der rechten Nähfußkante geführt wird. Der Abstand zwischen Steppnaht und Kante oder vorheriger Naht beträgt also die halbe Fußbreite (= 7,5 mm). Beim knappkantigen Absteppen parallel und ca. 1 mm neben der Kante oder Naht entlang nähen, beim schmalkantigen Absteppen ca. 2 mm.

Reißverschluss einnähen

Reißverschlüsse kommen bei den Modellen in diesem Buch immer wieder vor.
Sie sollten möglichst gut auf die Farbe und den Stoff des Modells abgestimmt sein.
Für leichtere Stoffe, wie sie hier verwendet werden, eignen sich vor allem
Reißverschlüsse mit Kunststoffspirale. Sie sind biegsamer und zierlicher als
Reißverschlüsse mit Metallzähnen, und es gibt sie in den verschiedensten Farben.
Außerdem kann man sie „am Stück" kaufen und auf die benötigte Länge zurechtschneiden.
Die einfachste Art, Reißverschlüsse einzunähen, ist der beidseitig verdeckte
Reißverschluss.

Reißverschluss einnähen bei ungefütterten Modellen

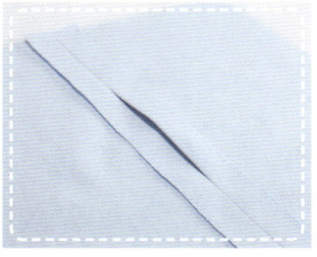 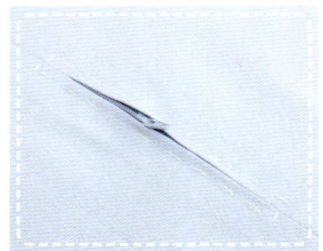 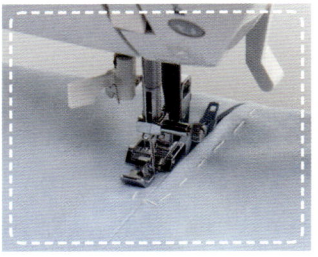 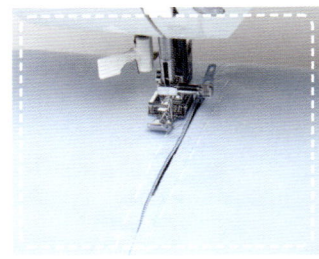

1 Die Länge des Reißverschlusses ausmessen und am Stoff markieren. Die Nahtzugaben an der Schlitzöffnung oder den beiden Kanten, zwischen die der Reißverschluss eingenäht werden soll, versäubern und umbügeln. Den Stoff wenden, sodass nun die rechte Seite oben liegt.

2 Nun den Reißverschluss in den Schlitz legen und mit Stecknadeln so unter die Stoffkanten stecken, dass die beiden Stoffkanten genau in der Mitte über der Spirale zusammenstoßen. Den Reißverschluss einheften.

3 An der Nähmaschine den Reißverschlussfuß einsetzen. Dieser erlaubt es, ganz nahe an die Spirale oder Zähnchenreihe heranzugehen. Den Reißverschluss öffnen. Die linke Reißverschlusshälfte einnähen, dabei die Nadel ca. 5 mm von der Spirale oder Zähnchenreihe entfernt einstechen lassen.

4 Ca. 2 cm vor Ende des Reißverschlusses anhalten, die Nadel im Stoff stecken lassen und den Nähfuß anheben. Den Reißverschluss schließen. Den Stoff samt Reißverschluss um 90° drehen und ca. 6 Stiche quer über den Reißverschluss nähen. Erneut die Nadel im Stoff stecken lassen, den Nähfuß anheben und den Stoff drehen. Den Reißverschluss wieder öffnen. Wieder in 5 mm Abstand zur Schlitzkante entlang der anderen Reißverschlussseite bis zum oberen Ende nähen. Noch einmal Stoff und Reißverschluss drehen und die letzte Quernaht nähen. Zuletzt den Heftfaden entfernen.

Tipp
Wenn Sie mit dem Reißverschluss einen Farbkontrast erzielen wollen, verdecken Sie ihn nicht ganz mit dem Stoff, sondern lassen die Spirale und einige Millimeter des Reißverschlussbands herausblitzen.

Applizieren

Applikationen sind fertig gekaufte oder selbst gemachte Stoffmotive, die mit der Maschine oder von Hand, z. B. mit Langettenstichen, auf Näharbeiten aufgenäht werden. Sie eignen sich hervorragend zur Dekoration oder zum hübschen Kaschieren defekter Stellen. Besonders schnell und einfach geht das Applizieren mit Vliesofix-Haftvlies, das zwei Stoffe durch Bügeln miteinander verbindet. So können ein Verrutschen des Motivs beim Aufnähen sowie Faltenbildung verhindert werden. Das Motiv kann zuvor auf die spezielle Papierbeschichtung des Haftvlieses übertragen werden. Es ist empfehlenswert, beim Bügeln ein dünnes Tuch oder Backpapier zwischen Vliesofix und Bügeleisen zu legen, damit nichts am Eisen haften bleibt.

Applizieren mit Vliesofix-Haftvlies

1 Das Muster auf die Vliesofix-Papierseite legen und, falls nicht anders angegeben, mit Bleistift oder Kugelschreiber ohne Nahtzugabe übertragen. Bei asymmetrischen Motiven, wie z. B. bestimmten Buchstaben und Zahlen, darauf achten, dass sie spiegelverkehrt aufgezeichnet werden, damit sie später richtig erscheinen. Das Motiv großzügig ausschneiden und mit der rauen Klebeseite auf die linke Seite des Applikationsstoffes legen. Dabei den Fadenlauf beachten. Nun das Motiv mit mittlerer Temperatur ca. 5 Sekunden trocken aufbügeln und abkühlen lassen.

2 Dann das Motiv exakt entlang der Außenkonturen ausschneiden und die Papierschicht vom Vliesofix abziehen.

3 Nun das Motiv umdrehen und mit der beschichteten Fläche nach unten auf den gewünschten Stoffuntergrund legen. Bei niedriger bis mittlerer Temperatur und mit Dampf ca. 10 Sekunden aufbügeln. Das Bügeleisen dabei nicht schieben, sondern immer wieder abheben und schrittweise aufdrücken.

4 Das Motiv entlang der Schnittkanten mit einem kleinen und eng eingestellten Zickzackstich aufnähen und darauf achten, dass die Kanten gleichmäßig schön umschlossen und überdeckt werden. Zum Sichern der Naht keine Rückstiche nähen, sondern den Oberfaden auf die Rückseite ziehen und mit dem Unterfaden verknoten.

Knopfloch und Knopf

Maschinenknopfloch

Ein Knopfloch sollte etwa 2 mm länger sein als der Durchmesser des Knopfes. Es besteht aus zwei Längsnähten in Raupenstichen, das sind sehr enge Zickzackstiche, und zwei Querriegeln an den Enden. Die Stichlänge für die Riegel ist immer doppelt so lang wie für die Raupen. Eventuell muss die Oberfadenspannung etwas verringert werden.

1 Länge und Lage des Knopfloches auf die rechte Stoffseite zeichnen. Einen 2-3 mm breiten, dichten Zickzackstich einstellen. Per Handrad die Maschinennadel in die linke Position bringen und links, am Beginn der ersten Längsraupe, in den Stoff führen. Nun die erste Raupe in der entsprechenden Länge nähen. Am Ende der Raupe die Nadel rechts im Stoff belassen.

2 Den Nähfuß anheben, den Stoff um 90° drehen und den Nähfuß wieder senken. Die Nadel in die obere Position bringen, die Stichbreite verdoppeln und für den Querriegel 4-6 Stiche nähen. Links stoppen und die Nadel im Stoff belassen.

Tipp

Bügeln Sie bei weichen und dehnbaren Stoffen vor dem Nähen des Knopflochs ein Stück Fixier-Stickvlies unter oder fassen Sie Seidenpapier mit, um ein Zusammenziehen des Stoffes zu verhindern. Nach dem Nähen die überstehenden Vlies- bzw. Papierränder einfach abreißen.

3 Den Stoff nochmals um 90° drehen, die Nadel in die obere Position bringen und die Stichbreite erneut auf 2-3 mm einstellen. Die zweite Längsraupe dicht neben der ersten nähen, dabei aber darauf achten, dass sich die Stiche der beiden Raupen nicht überschneiden. Am Ende links stoppen und die Nadel im Stoff belassen.

4 Den Stoff erneut drehen und die Nadel anheben. Wieder die doppelte Stichbreite einstellen und den zweiten Querriegel nähen. Dann die Stichbreite auf 0 stellen und zum Sichern von Anfangs- und Endfaden einige Stiche auf der Stelle nähen. Alle Fäden auf die linke Seite ziehen und vernähen.

5 Innerhalb des Knopfloches vor die Riegel zum Schutz je eine Stecknadel stecken und das Knopfloch mit einer spitzen, kleinen Schere oder dem Nahttrenner aufschneiden. Die Stecknadeln entfernen.

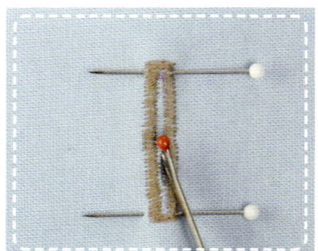

Tipp

Moderne Nähmaschinen verfügen häufig über eine Automatik und einen speziellen Fuß zum Nähen von Knopflöchern. Aber auch mit dem einfachen Zickzackstich und dem Standardnähfuß gelingen schöne Knopflöcher. Vor den Löchern an der eigentlichen Näharbeit sollte immer ein Probeknopfloch auf einem Stoffrest genäht werden, um Größe, Stichlänge und Stichbreite zu überprüfen. Dafür sollten möglichst das gleiche Garn, der gleiche Stoff und eventuell auch Einlagen verwendet werden wie am genähten Modell.

Tipp

Damit Knöpfe und Knopflöcher später auch perfekt zusammenpassen, können Sie die richtige Position der Knöpfe wie folgt ermitteln: Die Verschlusskante mit den Knopflöchern links auf rechts auf die Knopfleiste legen. Eine Stecknadel mittig durch jedes Loch stecken und die Einstichstelle mit Schneiderkreide oder Trickmarker einzeichnen.

Knöpfe annähen

Sorgfältig ausgesuchte Knöpfe können einem Nähmodell interessante Akzente verleihen. Sie können mit der Hand oder der Nähmaschine befestigt werden. Vor dem Aufnähen sollten die Knöpfe probeweise aufgelegt und ihre Position markiert werden.

Flache Durchnähknöpfe mit 2-4 Löchern, die leicht auf- und zuknöpfbar sein müssen, sollten mit einem Fadensteg bzw. Stiel gearbeitet werden. Bei Stegknöpfen ist dies nicht erforderlich, da die Öse auf der Rückseite bereits als Abstandhalter dient. Reine Zierknöpfe können ganz flach aufgenäht werden.

Von Hand

1 Den Nähfaden in die Handnähnadel einfädeln, bis zur Hälfte durchziehen und beide Enden miteinander verknoten. Die Nadel von rechts durch den Stoff stechen und den Faden bis zum Knoten durchziehen. Dann 2-3 mm daneben wieder von unten nach oben ausstechen, die Nadel durch den Knopf führen und durch das zweite Loch zurück stechen.

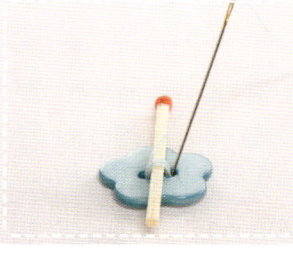

Wird ein Steg benötigt, ein Streichholz oder einen Zahnstocher als Abstandhalter zwischen den Löchern auflegen, bevor der Faden angezogen wird. Einige weitere Stiche nähen, dann die Nadel zwischen Stoff und Knopf ausstechen.

2 Den Abstandhalter entfernen und die Fäden zwischen Knopf und Stoff dicht mit dem Faden umwickeln, um den Steg zu stabilisieren. Das Fadenende zum Sichern durch den Stiel nach oben ziehen und abschneiden.

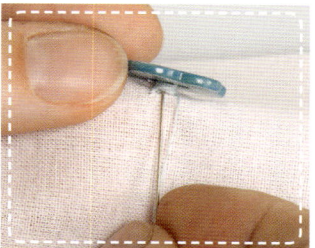

Mit der Maschine

Den Knopfannähfuß einsetzen und den Zickzackstich mit Stichlänge 0 einstellen. Beim Knopf den Abstand von Lochmitte zu Lochmitte exakt ausmessen und die Stichbreite entsprechend einstellen. Die Nadel in die linke Position bringen und per Handrad durch das linke Knopfloch stechen. Den Fuß absenken und einige Stiche in beide Löcher nähen. Zuletzt die

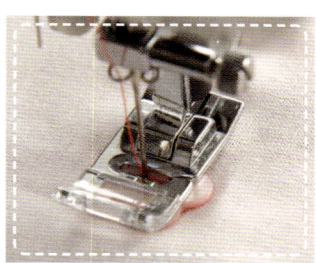

Stichbreite auf 0 stellen und zum Sichern der Fäden einige Stiche in das gleiche Loch nähen. Den Oberfaden zur Rückseite führen, mit dem Unterfaden verknoten und die Enden abschneiden.

Auch hier kann ein Abstandhalter aufgelegt werden. Diesen nach dem Annähen des Knopfes entfernen und Ober- und Unterfaden ca. 15-20 cm lang abschneiden. Beide in eine Handnähnadel einführen, den Steg zwischen Knopf und Stoff fest umwickeln und die Fäden zum Sichern nach oben durchziehen.

Tipp

Ein spezieller Knopfannähfuß macht das Anbringen von Knöpfen bequemer, ist aber nicht unbedingt erforderlich. Knöpfe können auch mit dem normalen Fuß oder ganz ohne Fuß nur mit den Stegen des Nähfußhalters in Position gehalten werden. Dazu den Stoff mit dem Knopf unterlegen, per Handrad die Nadel durch das linke Knopfloch einstechen und den Nähfußhalter absenken.

Einlagen

Das angebotene Sortiment an Einlagen ist sehr vielfältig. Sie werden dazu verwendet, den Modellen bzw. dem Oberstoff an bestimmten Stellen Festigkeit und Formbeständigkeit zu verleihen, sowohl bei Bekleidung als auch bei kreativen Textilarbeiten.

Vlieseinlagen zum Aufbügeln

bestehen aus Synthetikfasern und sind in vielen Qualitäten erhältlich. Je nach Festigkeitsgrad sind sie geeignet für sehr feine Stoffe wie Seide und Viskose, leichte Stoffe wie Baumwolle und Polyester sowie mittelschwere Stoffe wie Wolle und Wildseide.

Dehnbare Einlagen empfehlen sich für elastische Stoffe wie Jersey und die spezielle Ledereinlage für hitzeempfindliche Materialien wie Nappa- und Veloursleder sowie Leder- und Pelzimitate. Die weiche Einlage mit eingearbeiteten und stabilisierenden Fäden in Längsrichtung wird bei leichten bis mittelschweren Stoffen wie Wolle verarbeitet. Stabiles, festes Vlies, die sogenannte Schabrackeneinlage, wird für leichte bis mittelschwere Stoffe verwendet und eignet sich u. a. zum Verstärken von Gürteln, Taschen, Hüten und Stoffkörbchen.

Vlieseinlagen zum Aufnähen

verwendet man für Stoffe, die sich nur bedingt oder gar nicht für eine Bügeleinlage eignen, z. B. Plissee, Crash, Frottier und folienbedruckte Stoffe. Besonders gut sind sie verwendbar für Kleinteile wie Manschetten und Kragen an Blusen, Kleidern, Jacken usw. sowie für textile Bastelarbeiten.

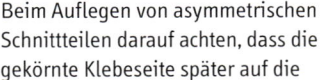

Volumenvlies

ist je nach Verwendungszweck zum Aufbügeln oder Aufnähen erhältlich, manches zusätzlich mit spezieller Ausrüstung gegen Durchfasern. Verschiedene Dicken, vom geringen bis zum hochbauschigen Volumen, sind wählbar. Es verleiht u. a. Quilt- und Patchworkarbeiten einen wattierten Effekt sowie Taschen und Stoffbehältern eine gleichmäßige, feste Oberfläche. Außerdem wird es für warme Kleidung und plastische Steppereien eingesetzt.

Fixier-Stickvlies

ist ein aufbügelbares Vlies zur Stabilisierung von Stickereien und Applikationen. Verhindert besonders bei dehnbaren Stoffen ein Verziehen während des Bestickens oder Nähens.

Verstärken mit Vlieseinlage

In Schnitten und Anleitungen ist meist vorgegeben, welche Schnittteile mit welcher Art von Einlage versehen werden sollen. Aufbügelbare Einlagen sind hierbei am einfachsten zu handhaben. Sie besitzen eine gekörnte Klebeseite, die sich durch Bügeln mit dem Stoff verbindet, sodass nichts mehr verrutschen kann. Eine Bügelempfehlung ist bei den Vlieseinlagen auf dem Kantendruck zu finden. Zuerst sollte eine Probe auf einem entsprechenden Stoffrest gemacht werden, um die Haftung zu prüfen.

Vlieseinlage zuschneiden

Zum Zuschneiden der Vlieseinlage die entsprechenden Papierschnittteile auf die Vlieseinlage stecken, dabei wie beim Stoff den Fadenlauf berücksichtigen. Für halbe Schnittteile die Vlieseinlage doppelt legen und das Schnittteil im Bruch feststecken.
Beim Auflegen von asymmetrischen Schnittteilen darauf achten, dass die gekörnte Klebeseite später auf die

linke Stoffseite aufgebracht wird. Werden die Schnittteile auf die gekörnte Seite aufgelegt, müssen sie also umgedreht und spiegelverkehrt zugeschnitten werden.

Vlieseinlage aufbügeln

Den Vlieseinlagenzuschnitt mit der gekörnten Seite auf die linke Stoffseite legen und nach den Bügelempfehlungen aufbügeln. Dabei laut Herstelleranweisung Schritt für Schritt oder langsam gleitend vorgehen und an jeder Stelle einige Sekunden leicht aufdrücken. Die verstärkten Stoffteile vor der Weiterverarbeiten etwa 20 Minuten abkühlen lassen.

Zusätzliche Nähtechniken

Neben den Grundtechniken, gibt es noch eine Vielzahl von weiteren Möglichkeiten, mit Stoff zu arbeiten. Hier sind ein paar Vorgehensweisen zusammengefasst, die Sie immer wieder benötigen und deren Wissen Ihnen ihr Hobby erleichtern.

Schrägbänder verarbeiten

Bei fertig vorgefaltetem Schrägband die zu versäubernden Kanten zwischen das zusammengeklappte Schrägband legen und feststecken. Mit einer Naht alle Lagen zusammennähen, dabei nicht zu weit außen am Schrägband steppen, um die hintere Lage auch mitzufassen.

Bei selbst gefertigtem Schrägband ein 4 cm breites Schrägband im schrägen Fadenlauf zuschneiden. An einer Längskante 2x 1 cm nach innen umbügeln. Das Schrägband rechts mit der nicht umgebügelten Kante an die zu versäubernde Kante links aufsteppen. Das Schrägband nach vorne klappen, dabei die eben genähte Naht verdecken. Mit einer zweiten Naht das Schrägband schmalkantig feststeppen.

Bodenabnäher

Um einer Tasche Bodenvolumen oder eine Standfläche zu geben, können von links Abnäher gesteppt werden: Ecken am Boden der Tasche so umlegen, dass die Seitennaht entlang der Bodenmitte in Richtung Eckenspitze verläuft. Abnäher im rechten Winkel zur Seitennaht im angegebenen Abstand von der Eckenspitze steppen. Je größer der Abstand, desto tiefer der

Boden. Die Taschenhöhe verringert sich durch die Bodenabnäher proportional um die halbe neu gewonnene Bodentiefe.

Kellerfalte

Für eine Kellerfalte zunächst die beiden Seitenlinien als auch die Faltenmitte markieren. Stoff von rechts entlang der Seitenlinien falten und bügeln. Die gebügelten Seiten so in Richtung Faltenmitte legen, dass die Seitenlinien zusammentreffen. Falte innerhalb der Nahtzugabe oder wie angegeben heften.

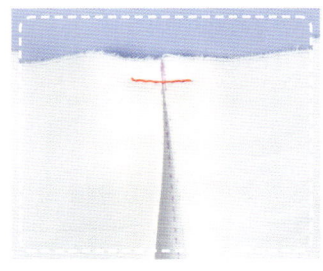

Füllen mit Polyestergranulat

Polyestergranulat ist sehr leicht und als Füllung sehr formbar und angenehm.

Da es nicht waschbar ist, sollten die kleinen Styroporkügelchen in eine Innenhülle eingefüllt werden, das mit einer Steppnaht verschlossen wird.

Die Innenhülle wird aus leichtem Nesselstoff, Leintuch oder einem anderen dicht gewebten Baumwollstoff genäht. Es kann auch ein alter Kissenbezug verwendet werden.

Die Schnittteile der entsprechenden Hülle deutlich größer zuschneiden, an jeder Seite mindestens 10 cm zugeben. Nähte der Schnittteile bis auf eine ca. 30 cm große Füllöffnung zusammensteppen.

Innenhülle mit Polyestergranulat füllen, Öffnung zusammenbinden und ausprobieren, ob die Füllung bereits ausreicht. Dabei lieber etwas fester als gewohnt stopfen, die Füllung wird im Gebrauch noch etwas lockerer.

Zum Schluss Füllöffnung mit Steppnaht schließen.

Tipp

Wenn Sie mehrere Projekte mit Füllgranulat planen – machen Sie die Füllaktion am besten auf ein Mal und nehmen Sie sich eine andere Person zur Hilfe. Die Kügelchen sind sehr flink, sie lassen sich aber gut einfüllen, wenn eine Person die Füllöffnung aufhält und die andere das Einfüllen übernimmt.

Spezialfälle

Bei den zuvor gezeigten Anleitungen gibt es ein paar Spezialfälle, bei denen es Sinn macht, noch einmal etwas genauer hinzusehen. Lernen Sie auf den nächsten Seiten, wie Sie Ihr Projekt um verschiedene Taschenarten ergänzen, eine witzige Blume entstehen lassen oder Ihre Taschenhenkel richtig befestigen.

Verdeckte Tasche mit Reißverschluss einnähen

Material
* Reißverschluss, 16 cm
* Stoff für die Innentasche, 2x 16 cm x 18 cm

1 Das Stoffstück für die Innentasche rechts auf rechts auf den Taschenstoff legen. Dann mit der Nähmaschine ein lang gezogenes Rechteck von ca. 1 cm x 15 cm steppen und die Stoffe so verbinden. Mit der Schere beide Stoffe laut Abbildung Y-förmig aufschneiden. Jetzt den kompletten Innentaschen-Stoff durch die Öffnung auf die Rückseite des Taschenstoffs stülpen und alles schön flach bügeln.

2 Einen farblich passenden Reißverschluss hinter das Loch legen, rundherum von rechts festnähen und so Reißverschluss und Taschenstoff verbinden.

3 Den Taschenstoff umdrehen und auf der Rückseite ein Stück Futterstoff auf den bereits festgenähten Futterstoff legen.

4 Nun die beiden Futterstoffteile rundherum zusammennähen. Achtung: Den Taschenstoff nicht mit festnähen.

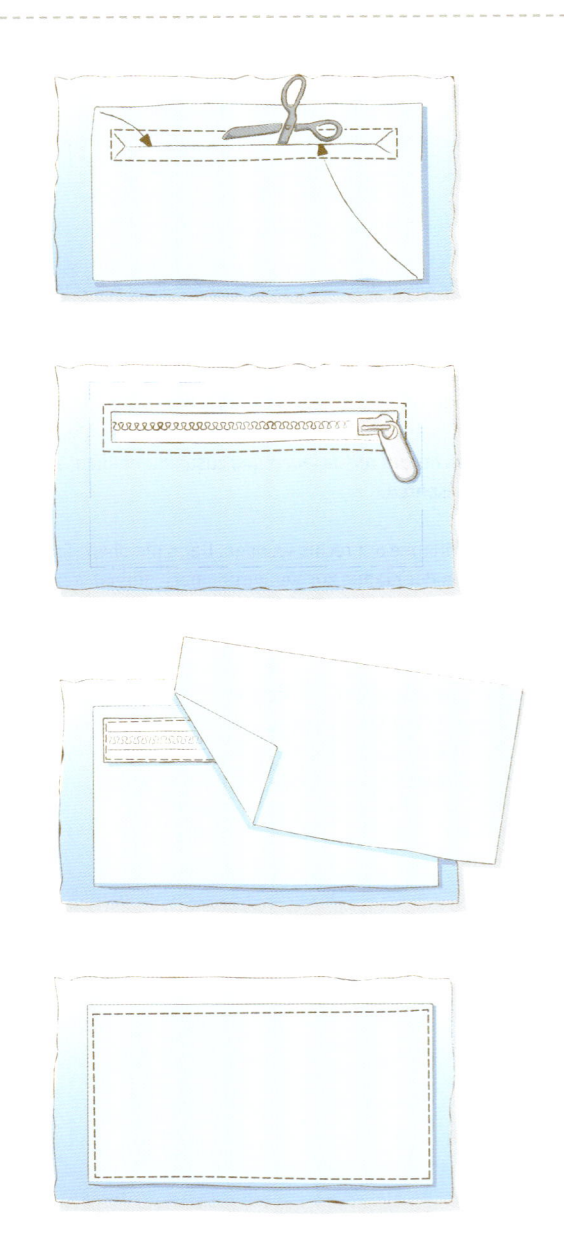

Kleine Vordertasche

Material
* Rest Taschenstoff
* Rest Futterstoff
* Vlieseline® H 250
* Knopf

1 Die kleine Tasche und die Klappe je 1x aus dem Taschenstoff, 1x aus dem Futterstoff zuschneiden und 1x Vlieseline.

2 Die kleinen Abnäher bei Taschenstoff und Futter nähen. Dann für die Tasche Taschen- und Futterstoff rechts auf rechts legen und alle Seiten bis auf eine kleine Wendeöffnung zusammennähen. Die Klappenteile ebenfalls rechts auf rechts legen und zusammennähen, auch hier eine Öffnung aussparen.

3 Tasche und Klappe auf rechts wenden. Dann die obere Taschenkante und die Rundung der Klappe zur Verzierung noch einmal von rechts absteppen und dabei die Wendeöffnungen verschließen.

4 Den Knopf auf die Tasche aufnähen. Die entsprechende Stelle für das Knopfloch auf der Klappe markieren und das Knopfloch nähen. Nun beide Teile auf die Tasche nähen. Dabei darauf achten, dass der Abstand zwischen kleiner Tasche und Klappe stimmt und sich die Tasche gut zuknöpfen lässt.

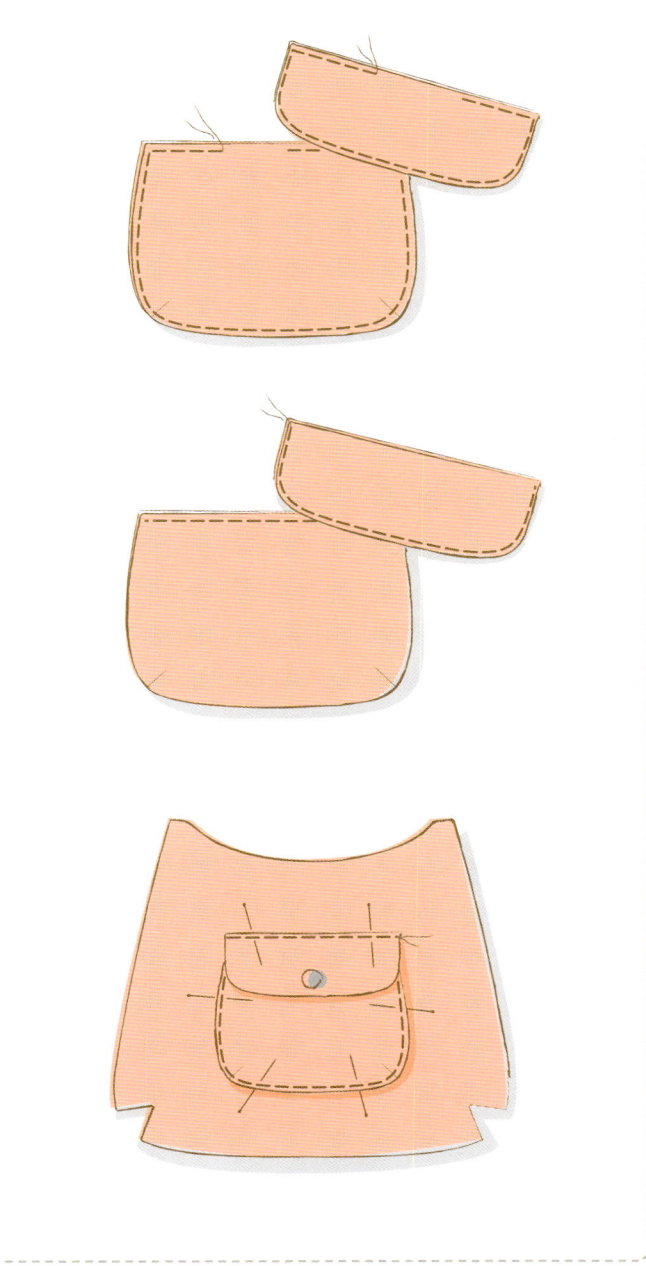

Blume aus Reißverschlüssen

Material
✳ 2 Reißverschlüsse mit Metallzähnen
   in unterschiedlichen Farben, 22 cm lang
✳ starker Filz, Rest

Vorlage
Seite 124

1 Beide Reißverschlüsse komplett öffnen, den Reißverschluss-Schieber abknipsen. Für die Blüten einen der Reißverschlüsse der Länge nach 3x teilen.

2 Die sechs Reißverschluss-Abschnitte mit einem einfachen Heftstich auffädeln.

3 Aus dem Filz einen 6 cm großen Kreis ausschneiden. Die Reißverschluss-Abschnitte zusammenziehen und gemäß Abbildung auf den Filzkreis nähen.

4 Die beiden langen Reißverschluss-Teile ebenfalls mit einem Heftstich auffädeln, zusammenziehen und schneckenförmig – von außen beginnend – in die Mitte der Blüten nähen.

Endstück für Kordel

Material
* Rest Leder
* Kordel, ø 1,2 cm
* sehr festes Garn
* Nähnadel
* Lochzange
* D-Ring, 3 cm breit
* 2 Nieten (je Henkel)

Vorlage
Seite 124

1 Die Befestigung für den D-Ring aus einem zur Tasche passenden Stoff anfertigen. Dafür die Vorlage „Kordelenden" und „Befestigung D-Ring" auf das Leder übertragen und (ohne Nahtzugabe) ausschneiden. Die Löcher mit der Lochzange stanzen.

2 Das eine Ende des Leders um die Kordel legen und den D-Ring über das Leder stülpen. Dann das zweite Ende des Leders um das Kordelende legen. Die Löcher sollten nun genau übereinander liegen. Mit dem Garn das Lederstück an der Kordel festnähen.

3 Die Befestigung für den D-Ring durch diesen ziehen, umknicken und auf die Tasche nähen. Ggf. mit einer Niete verstärken.

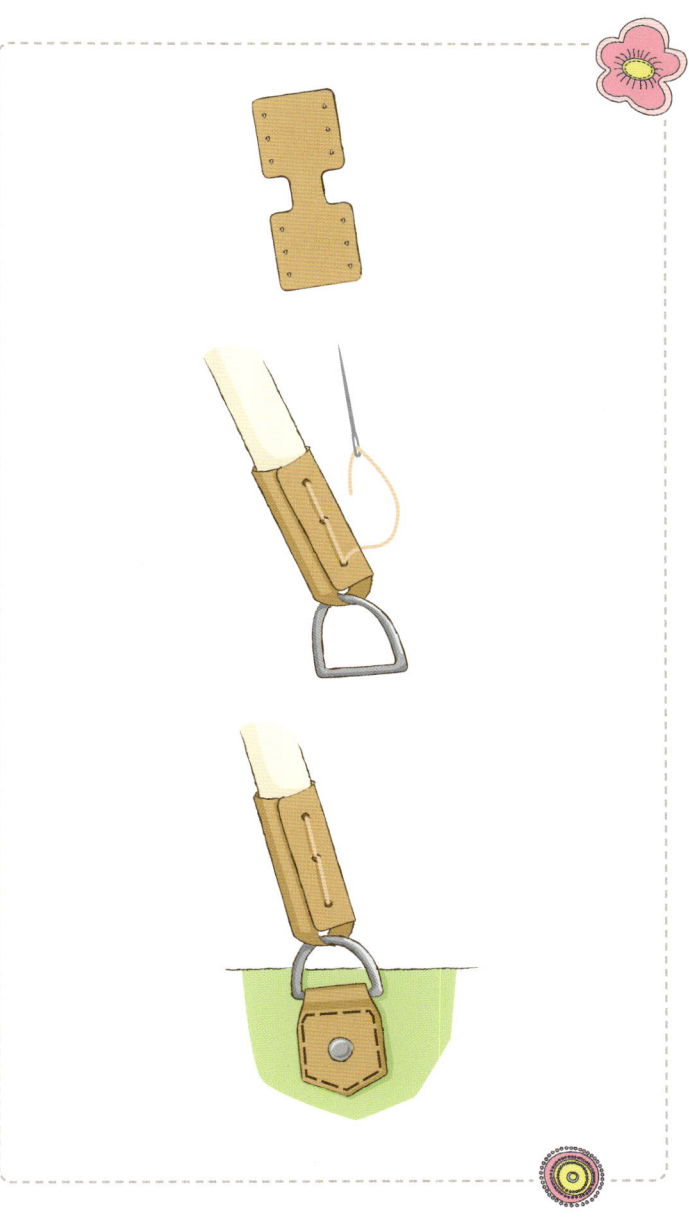

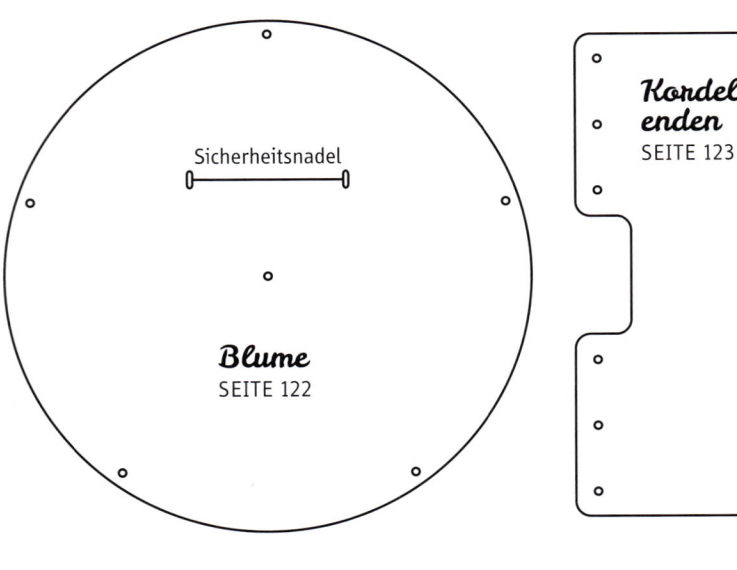

Sicherheitsnadel

Blume
SEITE 122

Fingernadelkissen
SEITE 10

Krone Froschkönig

Kordel-enden
SEITE 123

Einkaufswagenchip-Täschchen
SEITE 36

Schnittteil Tasche

Nostalgisches Wäscheklammer-Kleidchen
SEITE 82

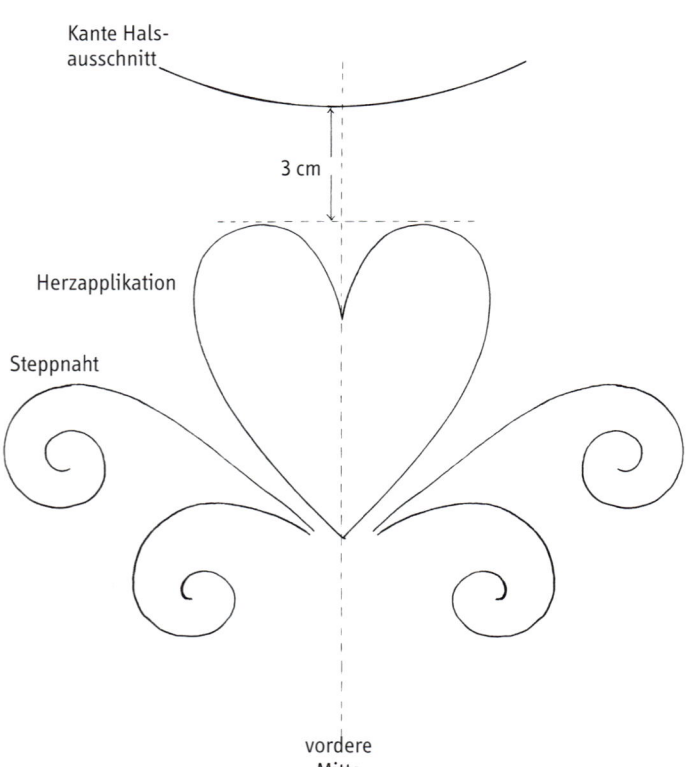

Kante Hals-ausschnitt

3 cm

Herzapplikation

Steppnaht

vordere
Mitte

**Einkaufstasche
mit Hülle**
SEITE 46

**Hübsch
umhüllt**
SEITE 72

Frisch erblüht
SEITE 74

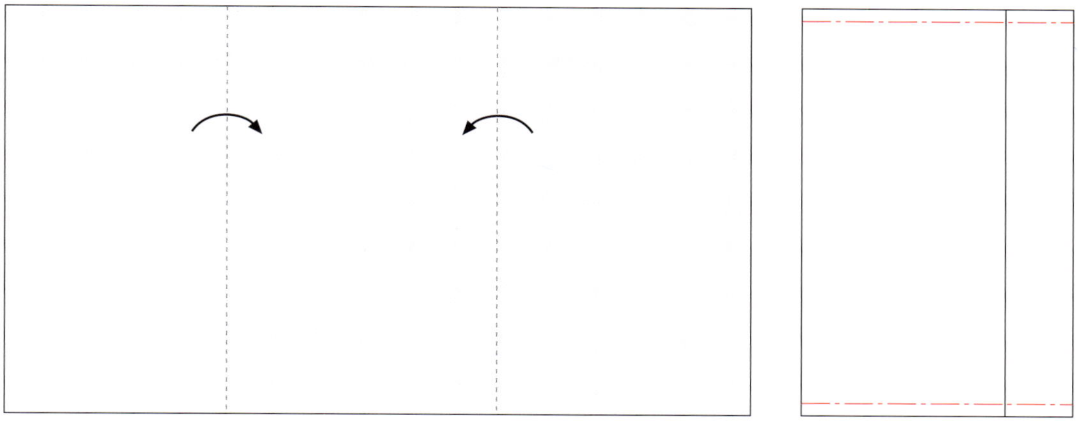

1

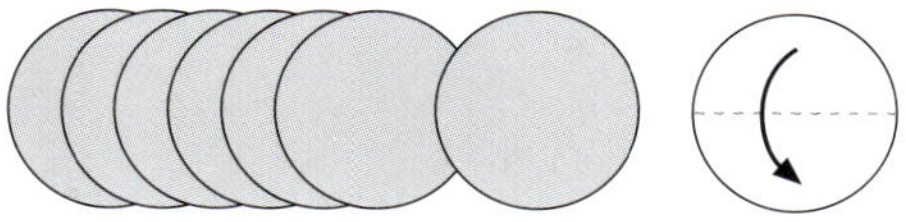

2

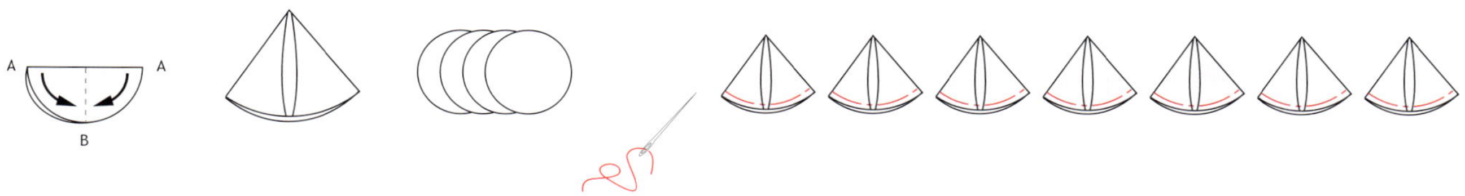

A   A

B

3

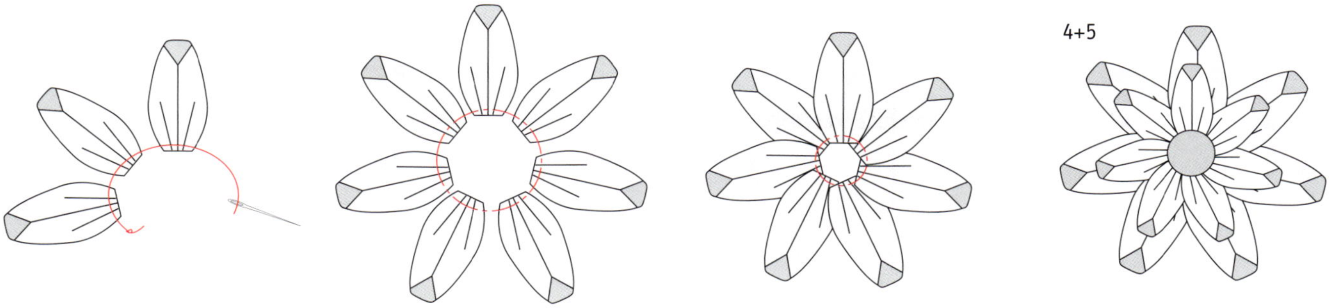

4+5

Klein und fein
SEITE 34

1

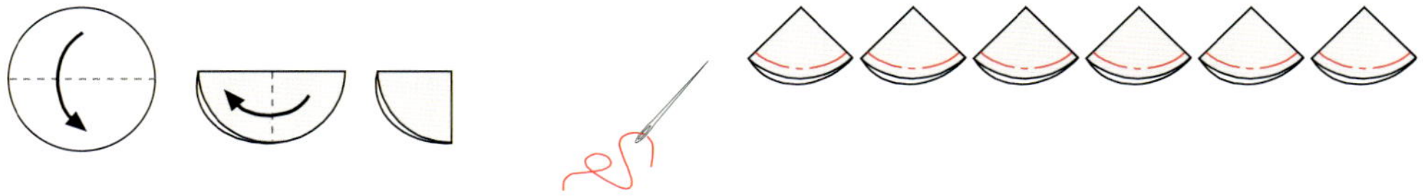

2

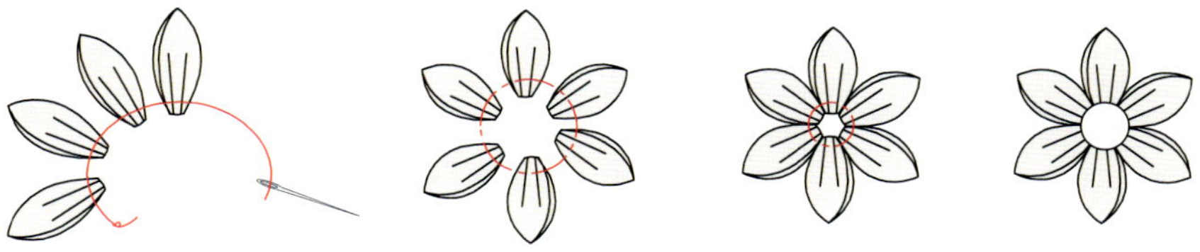

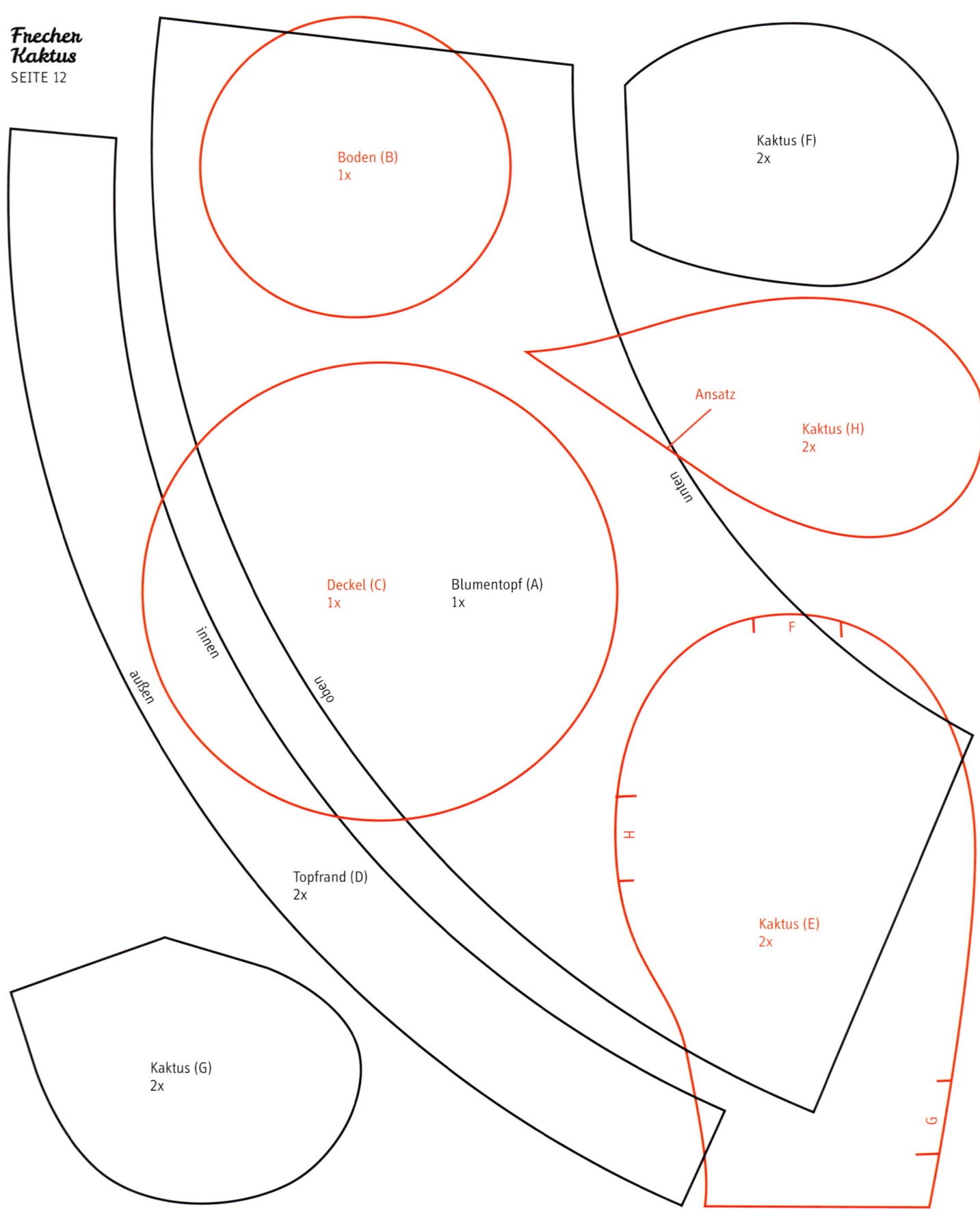

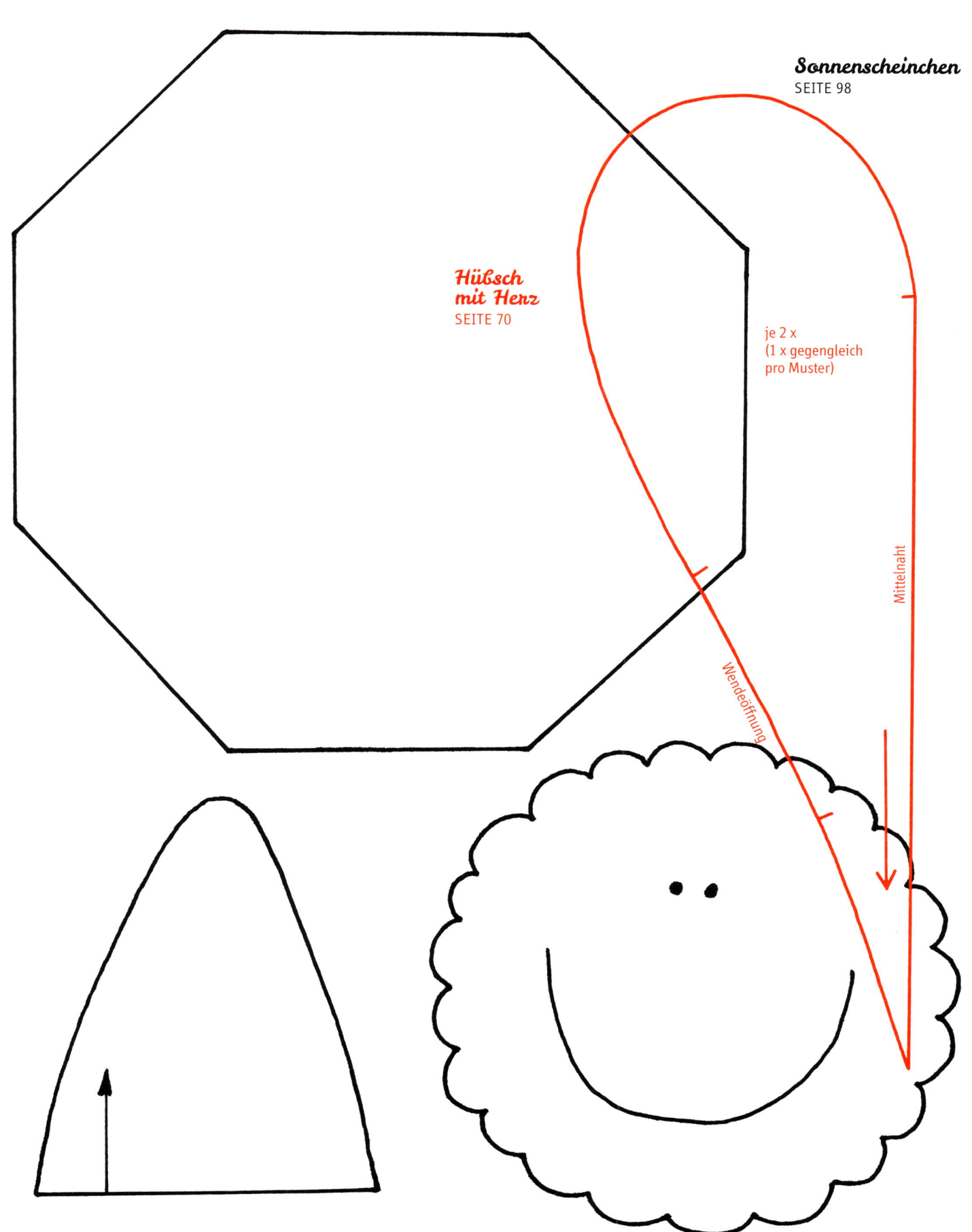

Sonnenscheinchen
SEITE 98

Hübsch mit Herz
SEITE 70

je 2 x
(1 x gegengleich
pro Muster)

Mittelnaht

Wendeöffnung

Hilfestellung zu allen Fragen, die Materialien und Kreativbücher betreffen: Frau Erika Noll berät Sie.
Rufen Sie an: 05052/911858*

*normale Telefongebühren

Wir danken den Firmen Gütermann GmbH, Gutach-Breisgau, www.guetermann.com; MEZ GmbH, Kenzingen, www.mezcrafts.com; PRYM Consumer EUROPE GmbH, Stolberg, www.prym-consumer.com; Rayher Hobby GmbH, Laupheim, www.rayher-hobby.de; Westfalenstoffe AG, Münster, www.westfalenstoffe.de und Freudenberg & Co. KG, Weinheim, www.freudenberg.de für die freundliche Unterstützung mit Materialien.

MODELLE: Julia Bräunig (Seite 88/89); Miriam Dornemann (Seite 30-33; 36/37; 44/45; 48/49; 56-65; 120-123; Christiane Hübner (Seite 34/35; 74/75); Nadja Knab-Leers (Seite 10-13; 46/47; 72/73; 76/77; 94/95); Barbara Koch (Seite 38/39); Julia Korff (Seite 52/53); Sabine Kortmann (Seite 6-9; 18/19; 22/23; 50/51; 78/79); Ruth Laing (Seite 84/85); Beate Mannes (Seite 54/55); Gabriele Moosa (Seite 28/29; 90/91); Heike Roland/Stefanie Thomas (Seite 70/71); Bettina Schons (Seite 96-99); Malwina Ulrych (Seite 42/43) und Laura Sinikka Wilhelm (Seite 14-17; 20/21; 24/25; 68/69; 80-83; 92/93; 100-107)

FOTOS: frechverlag GmbH, Turbinenstraße 7, 70499 Stuttgart; Julia Bräunig (Seite 88/89); Fotostudio Eugen Sommer (Seite 84/85) und lichtpunkt GmbH, Michel Ruder (alle übrigen)

ILLUSTRATIONEN: schwab:illustrationen, Ursula Schwab, Haselund (Seite 6-9; 14-25; 34/35; 42/43; 50/51; 68/69; 74/75; 80-85; 92/93; 100-107) und Miriam Dornemann (Seite 30-33; 36/37; 44/45; 48/49; 56-65; 120-123)

PRODUKTMANAGEMENT UND LEKTORAT: Mareike Upheber

COVER UND LAYOUT: Petra Schmidt, Design + Ideenreich, www.designideenreich.de

SATZ: Petra Theilfarth

DRUCK UND BINDUNG: Livonia Print SIA, Lettland

2. Auflage 2016

© 2016 frechverlag GmbH, Turbinenstraße 7, 70499 Stuttgart

ISBN 978-3-7724-6444-7 • Best.-Nr. 6444